PHOTO BY AINA THE END

PHOTO BY CENTCHiHIRO CHiTTiii

PHOTO BY HASHIYASUME ATSUKO

PHOTO BY CENTCHiHiRO CHiTTiii

PHOTO BY AYUNi D

PHOTO BY CENTCHIHIRO CHiTTiii

PHOTO BY HASHIYASUME ATSUKO

PHOTO BY AINA THE END

PHOTO BY CENTCHiHiRO CHiTTiii

PHOTO BY LING LING

PHOTO BY HASHIYASUME ATSUKO

目を合わせるということ

モモコグミカンパニー

角川文庫
23288

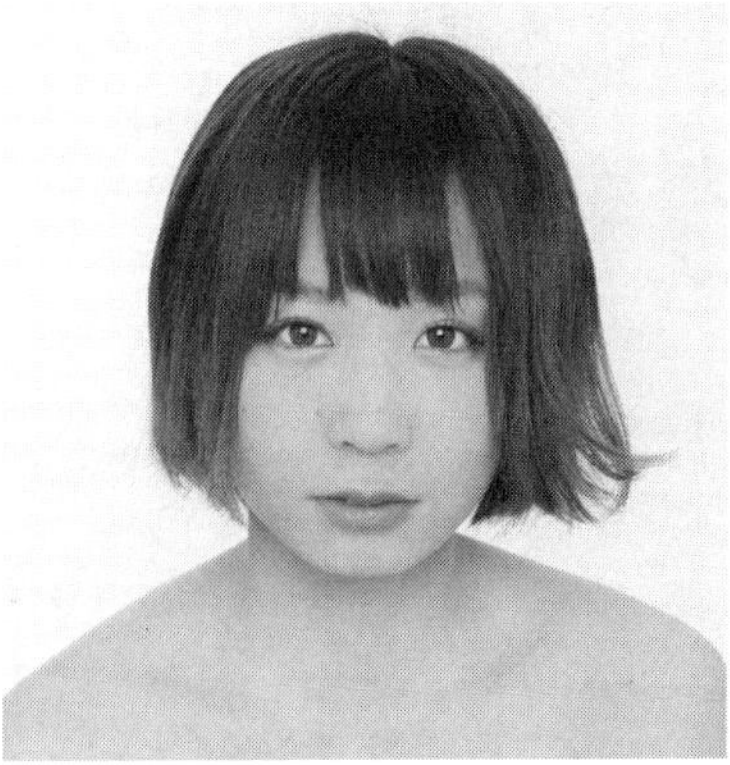

CONTENTS

CHAPTER 2
CHAOS BiSH

CHAPTER

3

MOMOKO

CHAPTER

4

THE BiSH SHOW

CHAPTER 5 LiFESTYLES OF THE BiSH & FAMOUS

はじめに

目を合わせるということは簡単に見えてすごく難しい。目を合わせるには自分が相手を見ていること、相手が自分を見ていること、その二つが同時に必要だからだ。人は自分の姿をまっすぐ瞳《ひとみ》に映してくれる誰かをいつも探しながら生きているのではないだろうか。

数年前、ただの女子大生だった私はひょんなことからBiSHというグループに入ることになる。ダンスや歌をやったことのない素人。今思えばそれ以前に目を合わして誰かに笑いかけるという簡単なこともできていない人間だった。最初の頃はできていないことにも気づいていなかった、そんなわたしの所属するBiSHが結成3年目には幕張《まくはり》メッセのステージに立ち、『ミュージックステーション』に出ることになる。それはもちろんメンバーやお客さん、大人の方たち、本当にたくさんの人の力のおかげだ。

この本に書いてあることは、全てわたしの目で見てきた、わたしの世界で起きたことだ。本の話を編集の上野《うえの》さんから持ちかけていただいたのは今から何カ月も前のことだ。昔からいつか本を出せたら夢みたいだなと思っていたわたしにとってすごくうれしいことだった。原稿はB・iSHの活動と並行してリアルタイムで書いてきた。例えばライブが終わった後の移動中だったり、楽屋で書いたり、そのときに感じたことを大切にしてきた。普段感じたことをノートに文字で書くということは自分の心と目を合わせる行為でもあった。

日頃から自分の考えや思ったことをうまく表現できない不器用なわたしだが、言葉でなら伝わるかもしれない。何度も立ち止まりそうになりながら、それでも一歩ずつ歩いてきたB・iSHとわたしの記録。B・iSHのことを1ミリも知らないという方にもぜひ読んでいただけたらうれしいと思う。この本が、あなたの明日も歩いて行ける力になりますように。

モモコグミカンパニー

CHAPTER

1

WELCOME TO THE BiSH PARADE

「よくこんなことやってられるよね」

映画館で働いていたとき、ＡＫＢ48のドキュメンタリー映画が上映されていた時期があった。この映画について一緒に働いていたかわいらしい（それこそアイドルにいそうな）女の子が、わたしにこう言った。

「この人たち（ＡＫＢ48のメンバー）、よくこんなことやってられるよね」

わたしはこの子からこんな言葉が出たことに驚き、「でも○○さんはかわいいし、アイドルのグループにいそうだよ。なっちゃえばいいのに」と言うと、彼女は「え、イヤだよ。まず人前に出たいなんて思わない」と答えた。

ああ、そうなんだ。こういう人もいるんだ。わたしは今まで女の子は誰しもアイドルに憧《あこが》れているものだと思っていた。アイドルになりたいのに、みんな言わないだけだと。

だけど、彼女のような人もいる。そう考えると、アイドルになりたい人、なりたくない人の間にはどんな違いがあるのだろうかと疑問に思った。

単に、歌やダンスをやりたいからという人もたくさんいるだろうし、昔から芸能界にいてその延長線で活動している人もいるだろう。アイドルをやっている理由は人それぞれだから一概には言えない。世の中には本当にたくさんの仕事がある。それなのに普通の女の子が普通に生きるよりも、わざわざ人前に出る仕事を選ぶのはなぜだろう。

もしかしたら、漠然と人前に出たいと思っている人は誰かに認めてもらいたいと思っているのではないだろうか。その〝誰か〟は実は自分自身で、自分で自分のことをうまく認められないから、人前に出て他人に自分を映して自分のことを確認しようとする。アイドルは見られることが前提の仕事だ。普通に暮らしていたら、大勢の人が一気に自分のことを見てくれる機会はそうそうない。

この頃のわたしは、アイドルという仕事が気になっていた。どうして世の中にはこんなにたくさんのアイドルがいて、オーディションには毎回何千人もの応募が来るのか。それが知りたくてアイドルのオーディション現場に行ってみたいと思った。

オーディション雑誌

地元の映画館でバイトをしていた頃、わたしは大学生だった。レイトショーが終わり、締めの作業をしていたら家に帰るのは夜中の3時頃で、帰宅して寝て起きると1限の授業が終わっている。一つの授業に寝坊するとなんだか面倒くさくなり、その日は学校をサボってふらふらする、というだらだらとした生活を送っていた。

明け方に就寝し、遅くに起きるとやることがない。だけど家の中にいるだけでは一日を無駄にしているようで虚《むな》しいから、とりあえず学校以外で人の多い場所に行ってみる。がやがやしているけど、誰も自分に構うことのない場所にいれば、自分が一人でいるのに一人じゃない感じがして、当時のわたしには心地よかった。

ある日のこと。その日は新宿《しんじゅく》に行くことにして、行きつけの本屋に足を運んだ。ふとオーディション雑誌が目に入った。オーディション現場に行けば、学校やバイト先にはなかなかいないアイドルになりたい女の子に会える。どうして女の子がアイドルになりたいのかを知るのにぴったりな場所だ。

ワクワクしながらオーディション雑誌のページをめくり、見つけたのがB・iSHのオーディションだった。AKB48みたいな大規模なグループより倍率も低そうだし、これならオーディション現場に行けるかもしれない。そんな理由でB・iSHのオーディションを受けることに決めた。アイドルになるということよりも、アイドルのオーディションに行って生身のアイドルになりたい女の子たちを観察することが目的だった。

わたしは解散したB・iSのこと、マネージメントの渡辺《わたなべ》さん、サウンド・プロデューサーの松隈《まつくま》さんのことに関して無知だったが、早々とB・iSHのオーディションに応募のメールを送った。

自由な大人たち

オーディション現場は自分が予想したよりずっと面白かった。普段学校やバイト先では会えないような女の子たちがそこにはいた。

バイト仲間が「よくあんなことやってるね」と言ってたことを自ら求めてきた子たちだ。面接はグループで行われ、わたしの回は5人で一組だった。自己アピールでは自分の手相を説明する子、出身地の電波も通じない田舎のことを説明する子など、いろんな子がいた。わたしはそこで初めて渡辺さん、松隈さん、衣装の外林《そとばやし》さんと対面することになる。

渡辺さんを見てすごくびっくりした。

興味ない人に対しての態度が分かりやすすぎた。パソコンの画面を見ながら同じ相《あい》槌《づち》を繰り返すだけで自己紹介している女の子の目をまったく見ていない。しかも女の子のアカペラの歌を聴いて、完全に笑いを堪《こら》えている姿もこっちからは一目瞭然《りょうぜん》。こんなに自由な大人を見たのは初めてかもしれないと思った。

渡辺さんを見て変な緊張が解けた。どうせ受からないだろうし、自然体で適当に話そう。どうせ歌っても笑われそうだから歌もなんでもいいや。わたしは、好きな曲だけどカラオケで一度も歌ったことのないYUKIの「JOY」を歌うと、渡辺さんは「じゃあ、それを英語に翻訳して歌って」と言った。わたしは一瞬固まってしまった。あ、この人ふざけてる。わたしの歌はきっとヒドかっただろうし、その後もオーディション中、ほぼいじられていた気がする。

オーディションが終わると、渡辺さんがプロデュースしてきたBiSはどんなアイドルだったのだろう……と気になった。きっと面白いに違いない。オーディションの女の子を見に行くはずが、最終的にはそっちの方にすごく興味が湧いた。自分の回のグループ面接が終わり、家に帰ろうと思っていたら、渡辺さんに残ってと言われた。

わたしはまた大人たちの前に呼ばれ「合格」と言われた。

え……。わたしは固まった。心の中では本当に受かる気がなかったのに合格してしまった。ひとまず合格ということらしい。自分が合格するなんてダマされているに違いないと思った。何がいいと思われたのかまったく見当が付かなかった。むしろダメなところばかり見せていた気がする。

結局、その日は返事できなかった。とりあえず、目の前にいる渡辺さんという人が作ったB・iSというグループを家に帰って調べてみよう。考えるのはそれからだ。わたしは足早に家に帰った。

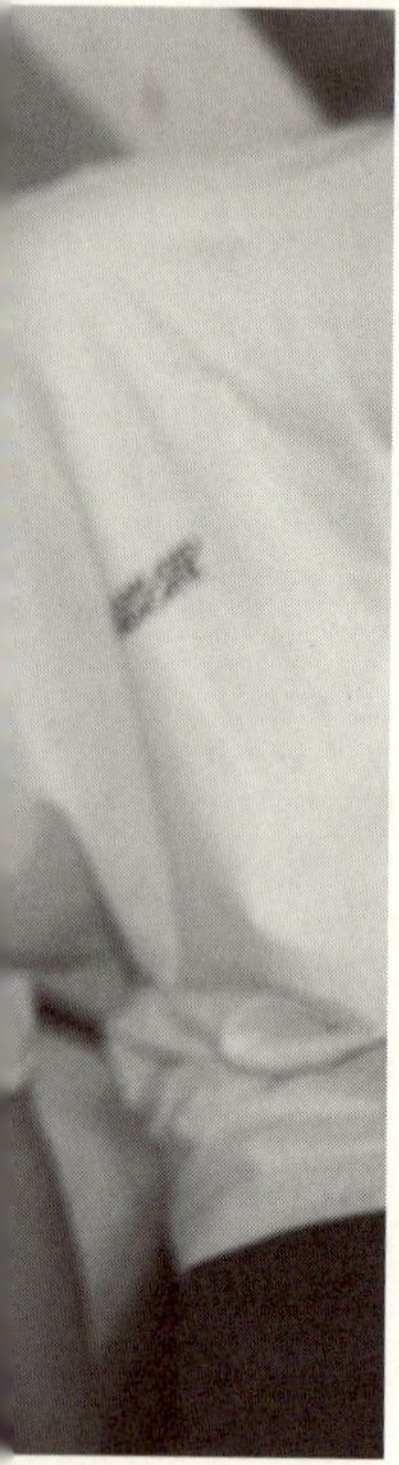

旧B·i·Sのカッコよさ

B·i·SHのオーディションを終えて帰宅したわたしは、家のパソコンでB·i·Sの「FiNAL DANCE」のMVを見て〝これだ！〟という確信にも似たワクワク感を感じた。そこには他のアイドルとは違う何かがあった。まず、歌詞が面白かった。恋愛でもなく、誰かの応援でもなく、自分たちのことをただ歌ってるんだろうと思った。

メンバーもいわゆるキラキラ系ではなく、大人に作られた感じもなかった。とにかくなんだかカッコいい。こんなアイドルを作った渡辺さんと、渡辺さんの作るものにも興味が湧いた。

最近になって、そのカッコよさがどこから来ているものなのか分かってきた気がした。B·i·SはB·i·Sのままでいようとしたからではないだろうか。もちろん楽曲の良さもあるが、わたしが最初に惹《ひ》きつけられたのはメンバー一人ひとりの何者にもなろうとしていないような、そのままで勝負している等身大の感じがカッコいいと思ったのだ。アイドルという存在は偶像で、ある程度は虚構が含まれている。しかし、BiSはアイドル特有の作られた雰囲気みたいなものがなかった。むしろ、そんな虚構をぶち壊しに来ていると感じた。BiSはありのままの自分で勝負している。

そのままでいいんだ。自分のやり方を信じろ。そう言われているような気がした。

だからわたしはＢｉＳをカッコいいと思った。

このＢｉＳの後継ならアイドルでもなんでもやってみたい。もう一度ＢｉＳを始めると言って開催されたＢｉＳＨのオーディションで合格を言い渡されたわたしは、正式に参加することを決めた。

君たちはクソアイドルです

渋谷道玄坂《しぶやどうげんざか》の裏路地にある狭い事務所の中に女の子が5人集められた。冬の夕方で事務所の中は静かで少し寒くて薄暗かった。部屋に入ると女の子たちが少し狭そうに床に座っていた。

白タイツのロリ系アイドルっぽい女の子、セントチヒロ・チッチ。

ダンサーにいそうな女の子、アイナ・ジ・エンド。

バンドマン風の女の子、ユカコラブデラックス。

胸元が開き露出度の高い服を着たエロそうな女の子、ハグ・ミィ。

そして、どこにでもいそうな女子大生、モモコグミカンパニー。

え、仲間がいない。わたしはこのときそう思った。馴《な》れ合えそうな子がいない。しかも話を聞けばわたし以外は全員多かれ少なかれステージに立った経験があるようだ。

つまり、完全な素人はわたしだけらしい。

今まで自分が仲良くしていたような友達みたいなタイプがいないのだ。

わたしがこれまで仲良くしてきた友達は自分と似たタイプが多かったと思う。大学生のわたしには、今まで何より勉強を最優先してきたような子が周りに多くて、わたしもその一人だった。勉強ができることが偉いという世界。わたしの通っていた高校はほぼ全員が大学に行くという選択をするため、大学以外の道を選んでいる同世代というだけでも新鮮だった。わたしが大学でだらだらしている間、他のことに打ち込んでいた人たちなのだ。人生で最優先にしてきたものがみんな違うような気がした。生き方が違えば人のタイプが違うのも当たり前なのかもしれない。

「君たちは新生クソアイドルです」

「Brand-new idol SHiT。名前はB i S H」

事務所の床に座り込んでちらちら周りを窺《うかが》っているわたしたちに渡辺さんが告げた。

え、クソアイドル!?　え？

オーディションに受かった私たちに与えられた名前が、クソアイドル？

渡辺さんは「クソアイドルって言っとけば、ハードルが下がるでしょ」と言った。

ああ、なんか頭いい人だなあって思った。

「クソアイドルって友達に話すのイヤじゃない？」

チッチはそんなことを言ってたけど、わたしは少し安心した。クソアイドルならちゃんとしたアイドルじゃなくていいじゃん。わたしでも生きていけるかもしれない。そう思ったから。

自分はこのとき、解散したB・iSのファンになっていたから、事務所に貼ってあるB・iSのポスターを見ただけでもうれしくなっていて、もう正直クソアイドルでもなんでもいい、普通のアイドルより面白いし、ともかくこの空間にいれることがうれしかった。

B・iSの頃から衣装を担当している外林さんを紹介されて、わたしたちは事務所の机の上に座って黒いコンタクトをつけた。そして、肩まで服を下げて素顔解禁前のアー写を撮った。わたしは写真を誰かに撮られるというのは子どものとき以来で、なんだかそわそわするし周りには初めて会った人ばかりで、とにかく落ち着かなかった。

ただ、何か面白いことが始まりそうだっていうワクワク感で一秒一秒がとても大切に思えた。

踊ってみた、少しも楽しくなかった

クソアイドルになってみた。

踊ってみた。歌ってみた。

アイドルがよくライブが楽しいー！　って言ってるのを聞くけど、わたしの場合は少しも楽しくなかった。

初めてのB・iSHワンマンライブは中野《なかの》heavysick ZEROだった。

ライブ当日、中野heavysick ZEROの楽屋ではB・iSHに入ってから慣れないことの連続で精神的に疲れきり、そのうえ風邪をひいて熱を出してる自分がいた。その状態でステージで踊ったからだろうか？　楽しむなんて余裕は1ミリもなかった。他のメンバーはわたしよりもステージの経験があるからなのか、わたしの目には自分よりも余裕があって楽しそうにライブをしているように映った。

わたしは、ただ汗をかいて、息苦しくて。

ライブが楽しいってどういうことだ？　全然分からなかった。Ｂ：ＳＨは好きだけど、ここにわたしがいる意味はあるんだろうか、この先のことが不安で何より体調が悪くて悪くて、わたしはすぐに帰路についた。なんでこんな道を選んでしまったんだろう。ステージを見上げていた頃にはステージに立つことがこんなに難しいことだなんて知らなかった。なんとなく自分にもできるんじゃないかと思っていた。でも何ひとつできなかった。この先わたしはきっとたくさんの痛い思いをすると思う。たくさん馬鹿にされてたくさん負けるだろう。やめるなら今かもしれない。

暗闇の中、中野の駅までの帰り道、涙があふれた。あ、泣いてる。そう思った。こんなに泣いたのは久しぶりだ。

学校で成績が悪かったときも、友達と仲が悪くなっても泣くことなんて滅多になかった。逃げたくてつらい涙とはまた違う気がした。

たぶん悔しいんだ。悔しいってことは、まだできるってことだ。

ユカコラブデラックス脱退

ユカコラブデラックスの脱退は突然だった。わたしは彼女の声が好きだった。バンド活動をしていたという彼女のヴォーカルは、アイナとはまた違った魅力があった。アイドルではあるけど、音楽的な活動をしていきたいと考えているB・i・S・Hにとって、ユカコの歌は絶対に武器になると思っていたし、だからこそ残念だった。

その頃のメンバーの中で、わたしが一番カッコいいと思っていたのがユカコだった。当時のわたしにとって、ギターを弾きながら歌を歌っていた経験があるということ、そういう道を選んだことがすごく尊敬できたのだ。大学生の自分の周りには本当に好きなことを貫いている人は珍しかった。自分の好きなことがあっても本気でその道で生きようなんて考えている人はいなくて、サークルなど趣味の範囲にとどめている人が多かったのだ。私もその一人でなんとなく大学に通っていて、そもそも自分が何を

やりたいのかハッキリしてもいなかった。そのせいもあって、自分がバンドをやりたくてバンドをやっているということと、自分の足でしっかり立っていることが凄《すご》いと思っていた。

　脱退を知った夜、渡辺さんに電話した。「なんでユカコ辞めちゃうんですか？　どうして止めてくれなかったんですか！」。誰かのために人前で泣くなんてことは、わたしのそれまでの人生になかったことなのに、たくさん泣いた。どうしても引き止めたかった。まだお客さんの前でライブをする前なのにやめてしまうなんて悲しすぎる。ユカコにも、ずっとＬＩＮＥした。ユカコに脱退してほしくないということと、わたしがユカコのことをカッコいいと思っていて、憧《あこが》れているということを伝えたのだ。素直な気持ちを人に伝えることはわたしにとってすごく勇気のいることだったが、ここで後悔したくなかった。本当の気持ちを伝えれば何かが変わるかもしれない。アイナ、ユカコ、チッチの3人のヴォーカルがあれば、BiSHは無敵だろうと思っていた。その中でわたしは、自分が素人であるということしかセールスポイントが

なかった。彼女たちのように、売り物になるヴォーカルを聴かせることはできない。でもユカコのロックっぽい歌い方は絶対に売れる！　とか、なぜかプロデューサー的な視点でBiSHを見ていた。

5人で完璧《かんぺき》だと思っていたBiSHを公に見せられないのは、わたしはとても残念だった。だけど、それでもBiSHは強い。ファースト・アルバムにはやめてしまったユカコラブデラックスの作詞も使われていた。ユカコの作詞はすごく完成度が高くて、ユカコの残した爪痕《つめあと》も今後のBiSHの力になるだろう。わたしはこの先、素人っぽさという武器以外に力をつけて行く必要があると思った。BiSHのためにもモモコグミカンパニーのためにも。

カッコ悪いままステージに立つ

わたしはずっとカッコ悪いままステージに立っていたと思う。BiSHに入ってからはできないことだらけだった。

「あの、わたし本当に自信がないんですよ、どうすればいいですか?」。BiSHに入って一年以上経ってもよく渡辺さんにわたしはこんなことを言っていた。本当に自信がなかった。ステージに立っていても宙に浮いているのではないかというくらい自分の足で立っている感覚がなかった。ステージに立つことと客席にいるのはまったく違うことなのだと実感していた。本番前のリハーサルには説教されに行っているようなものでメンバー、渡辺さん、スタッフさん、周りにいる人からダメなところをいつもたくさん指摘されていた。

今になれば、ダメ出しをされる方が幸せだと分かる。本当に修正できないと思われていたら、ダメ出しをされることもないからだ。言っても仕方ないと諦《あきら》められていれば指摘もされない。何かを指摘されるということは、言えばできると思われているということ。それが分かってからは、何かを指摘されたときには「ありがとう」と言うことにした。

けれど、そんなふうに思えるようになったのはBiSHが今の6人になってからくらいのことで、わたしは長い間「ダメ出しされる=自分は足手まとい」と考えていた。メンバーの中で一番多くダメ出しをされては、「ああ、また怒られた」と感じ、口では「分かりました」と言っていても素直に聞き入れることができず、気を緩めると涙があふれ出しそうだった。

これから人前に立つというのに、この思考回路のせいで、わたしはライブの前にプライドやら根拠のない自信やらがどんどん削り取られていた。家で精一杯自分なりに練習してもリハーサルではこのありさまなのだ。

他のメンバーがわたしよりステージ慣れしていて歌えて踊れるから、自分のできなさ具合はより際立つ。だけど、BiSHにいることは自分が決めたことで、ダメなんだったらダメなままステージに立つしかない。それでも待ってくれてるお客さんはいる。もともと素人でみんなよりマイナスなのだ。今はやっと0の地点に立ったところ

だ。前の自分では想像もつかない場所に立っていて、ちゃんとお客さんがいる。それだけでも凄いことだ。悔しいけど今は0のままカッコ悪い姿をお客さんの前で見せるしかない。それが今のモモコグミカンパニーだ。そう思ってずっとステージに立っていた。

笑顔の意味

Ｂ・ｉＳＨに入る前、バイト中にわざわざ先輩に呼び出されてこう言われたことがある。

「あのお客さんが、お前のこと『どうしてあの子はあんなに愛想がないんだ』って怒ってたぞ」

なぜ自分に直接言ってくれないんだろう、と少しイライラしたが、それはわたしの愛想がないせいだったのかもしれない。

先輩に言われた後、表面上は謝ったものの、心の中では〝どうして笑いたくもないときに笑顔でいないといけないのだ。アイドルじゃあるまいし〟と本気で思っていた。愛想のいい人の方が好かれることは分かっていたけど、そんなことをしても時給が上がるわけでもないし、そこまでして周りの人に好かれたくもない。

そんな〝アイドルじゃあるまいし〟と愛想のいい人を鼻で笑っていたわたしがクソ

アイドルになってしまった。バイト中に愛想を振りまけなかった自分が、今度は握手会という、お金を払ってまでわたしと握手をしてくれる人がいる立場になった。

初対面の人と笑顔で話すのには慣れるまで時間がかかった。握手会に来てくれる人はBiSHのモモコグミカンパニーの情報をある程度知った上で会いに来てくれるが、わたしはその人のことをこれっぽっちも知らない。普通に暮らしていたら自分の前に知らない人が並ぶことなんてなかった。道ですれ違っても目も合わせないような人たちを目の前にわたしはどんな顔をしていいのか分からなかった。だからアイドルの経験のあるメンバーを見よう見まねで笑ってみることにした。うまく笑えていたのかは分からないけど、とりあえず頑張って笑ってみた。

今まで、心の中でありがとうと思っていれば、なんとなくその人にも伝わると思っていた。だけど1人30秒にも満たない握手会の条件のなかで、何かを伝えようとするには笑顔が一番なことに気がついた。だから、笑う。ファンの人たちは自分の大切な時間を使ってわたしたちに会いに来てくれてるのだ。頭の中でありがとうございますと思っているだけでは伝わらないから、笑顔で愛想を良くする。今でもできているか分からないけど、これまで無駄なエネルギーだと思っていたこういうことだって、人に何かを伝えるという意味では大切なことなんだ。

CHAPTER

2

CHAOS BiSH

2回目のオーディション

ユカコラブデラックスが抜けてメンバーが4人になった後もTIFに出たり、東名《とうめい》阪《はん》ツアーなどで活動したりしていたが、新メンバーを入れることになった。わたしはこの新メンバー追加のオーディションに賛成だった。最初が5人だったから4人になったときに減ったという感覚があって、BiSHがまだ完成していない気がしていたからだ。

そして今回の追加オーディションにはわたしたちオリジナルメンバー4人も審査に参加することになった。オーディションにはBiSHを好きだからというよりも旧BiSを意識している子の方が多かったように思う。クソアイドルであるBiSHを少しバカにした感じで遊び半分のような子もいた。

オーディションの審査は個性豊かな女の子を目の前にとても刺激的だったし、どの

子もわたしには魅力的に見えて選べなかった。わたしたちメンバーもこの子がいいんじゃないかなどの意見はしたが、最終的にメンバーの意見はあまり反映されずに渡辺さんが追加メンバーを決めた。

そこで選ばれたのがハシヤスメ・アツコとリンリンだ。ハシヤスメ・アツコを初めてオーディションで見たときの印象は女子アナにいそうなきれいなお姉さん。リンリンは大人しそうで、かわいらしい見た目なのにもかかわらず、旧BiSのようにダイブがしたいと言っていたのが印象的だった。似ても似つかない2人がBiSHに入ってくることになった。

この2人は自分を強く持っていてぶれない何かを感じた。2人ともBiSHを知ってくれていたが、今までの4人のBiSHに馴染《なじ》んでいくというより、完全に新しい色がBiSHに付け加えられるという印象だった。

初お披露目は「TBS」というZepp Tokyoでのフリーライブだった。ちなみにこのときにはまだZepp Tokyoは埋まっていなかった。

6人でのちゃんとしたライブをしたのは、2015年9月6日に行われた渋谷WWWでの「BiSHフェス」というライブだった。ライブが終わった後、渡辺さんは「今日のライブは本当によくなかった」と言っていた。よくないのはなんとなくわた

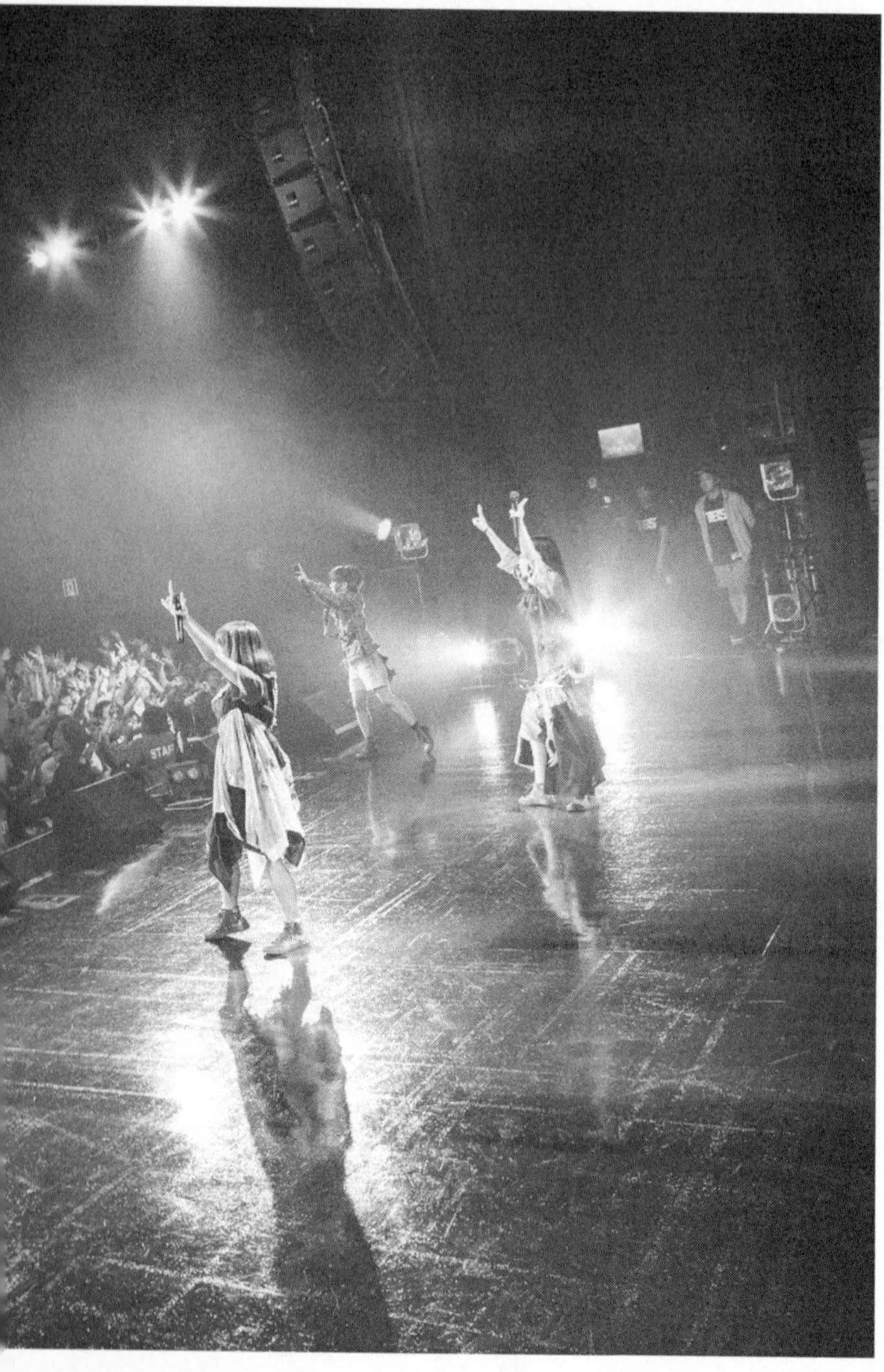

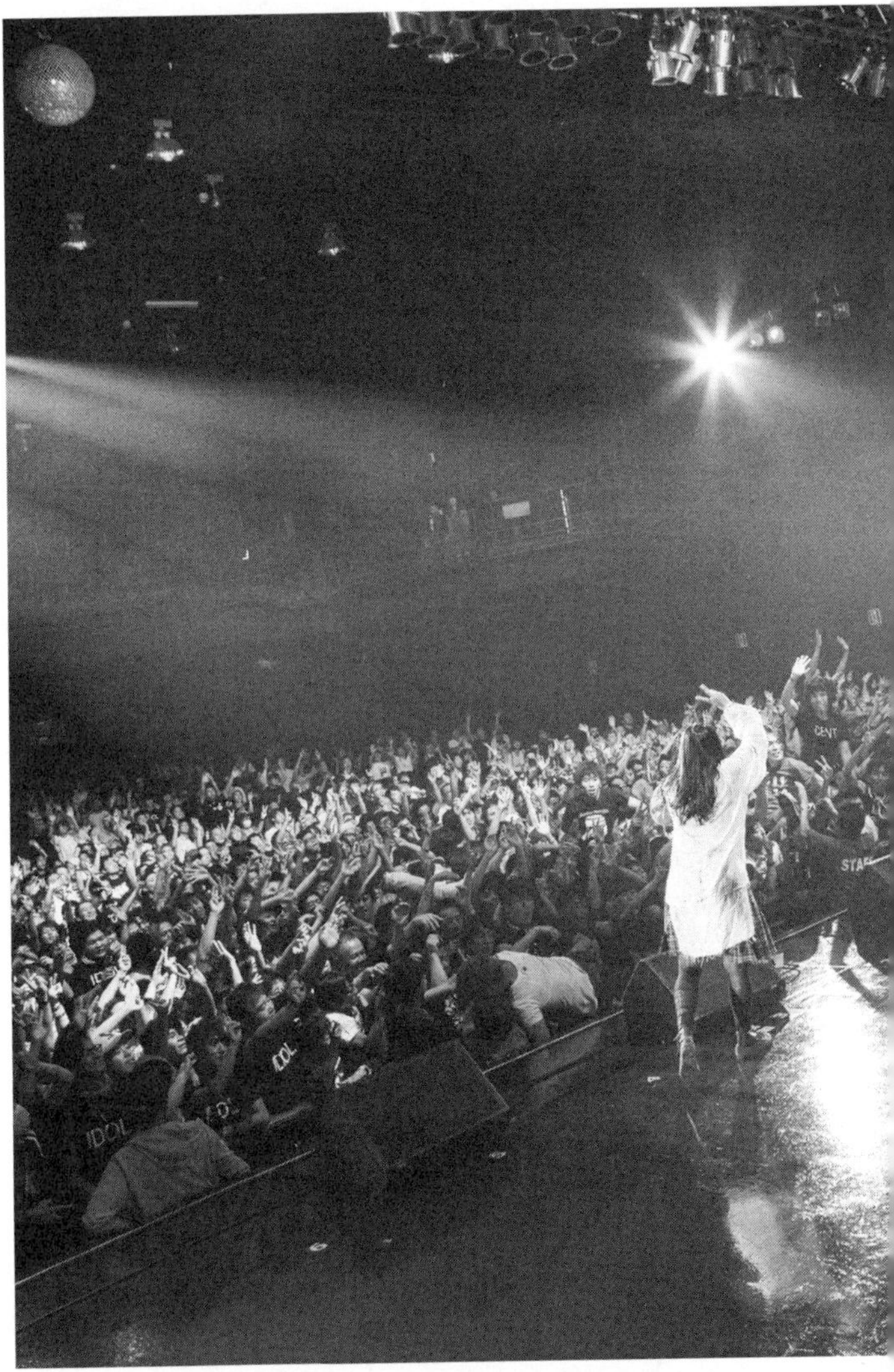

しでも分かったくらいだ。なんだか今のわたしたちは一体感という言葉から一番遠いところにいる感じだった。どうすればいいかは分からなかったが、ハシヤスメとリンリンが2人入っただけなのに、ＢｉＳＨは今とはまったく別物になっていきそうな予感がしていた。6人の新しいＢｉＳＨを完成させるのにはまだまだたくさん時間がかかりそうだった。

とにかく面倒見がよくて、一家の精神的な支柱になってくれる。アイナ、チッチ、アッコ、リンリン、わたし。個性が強い5人の子どもをやさしく見守るお母さんのような存在がハグ・ミィだった。

ハグ・ミィ脱退

彼女がBiSHを脱退すると聞いて、最初は一人欠けてもBiSHはどうにかなるだろう、なんて思っていた。その頃のハグ・ミィの様子を見ていると、ひょっとしたらBiSHをやめるんじゃないかと薄々感じていたわたしは、ハグ・ミィには八グ・ミィが選んだ道で幸せになってほしかった。

彼女は大人で頭がよかったと思う。「ハグ・ミィのドピューロランド」というコラムを書いていたのだが、その文章も面白かった。わたしは彼女とめちゃくちゃ仲良しだったわけではないけど、それこそ自分の子どものようにわたしのことをすごくかわいがってくれた。B・iSHに入った頃、他のメンバーとうまく仲良くなれずにいたとき、よく一緒に写真を撮ってくれたのはハグ・ミィだったし、ハグ・ミィがいなくなってから、気づかないところでたくさん助けてもらえていたことに気づいた。

わたしが考える以上に、わたしのことやB・iSHのことを気にしてくれていたのかもしれない。B・iSHの中で一番空気を読めると渡辺さんから言われていたし、実際そうだと思う。しかし、空気を読めるということは同時にいろんなことに敏感になってしまうことなのかもしれない。みんなが何気なく通り過ぎていることにも傷つくことだってあるだろう。昔、ツイッターでファンからの心無いリプライを読んで自分の顔が写った写真をツイッター上から全て削除してしまったこともあり、彼女はみんなよりも傷つきやすいのかもしれないと感じた。彼女が抱えていたものはわたしが考えるよりも大きかったのだろう。

ハグ・ミィの抜けた5人のB・iSHはというと、なんとなくまとまりがなかった。今まで陰ながらグループをまとめてくれていた存在がいなくなって、5人はただ不器用にハグ・ミィの抜けた穴を塞《ふさ》ごうとしていた。

成長痛

2016年6月にハグ・ミィが脱退してから8月にアユニ・Dが加入するまで、わたしとBiSHの間で少しずつズレが生じているのが分かった。5人体制のライブにしっくりこなかったし、チッチはステージが終わった後に悔し涙を流していた。本人に直接聞いたわけじゃないが、わたしを含め、他のメンバーに向けた「なんでもっと頑張ってくれないの」という意味の涙であるとわたしは感じた。そんな彼女を見て申し訳ないと思うと同時に、すごく切なくなってしまった。

その頃のわたしは大学生。本業である勉学をしっかりやることが大前提で、BiSHはその次という意識があったのかもしれない。〝モモコグミカンパニー〟と大学生の〝わたし〟の狭間《はざま》でいつも揺れ動いていた。だから、メンバーがライブ後に何も言わずに泣いているような状況に置かれても妙に冷静になってしまう。「わたしはまだそこまで頑張れない」。モモコグミカンパニーとしてステージ上で負け続けるよりも、大学生の自分でいる方が楽だった。

わたしみたいな人間が許されるのは野音のステージまでだろうと考えていた。アユニのお披露目ライブになったZepp Tokyoのステージも自分が立つなんて想像つかなかったけど、日比谷《ひびや》公園大音楽堂の舞台に自分が立つというのは、さすがにもう限界じゃないのか。それ以上の規模になったら、わたしのような半分素人の人間はステージに立ってはいけない。

これは自分自身の問題なのだ。他の誰のせいでもない。個性的なメンバーと仲間でいるのもすごく刺激的だったし、何よりわたし自身がBiSHのファンであるし、応援してくれるファンの方と会うのも楽しい。ただ、これからBiSHはもっと売れるんじゃないかという直感が5人体制の頃からあって、そんな勢いのあるBiSHに自分は付いていけるのかすごく不安だった。曲が最高なのに、メンバーの一人がポンコツだったらダメじゃないかと思った。幸いにも、新しく仲間になるアユニと一緒に練習をしていたとき、「この子がいるならわたしが抜けたとしても大丈夫だ」という確信もあった。

とにかくずっと苦しかった。BiSHのモモコグミカンパニーになりきれない自分が、B・iSHのモモコグミカンパニーとしていることが。そしてある日、B・iSHをやめることに決めた。

この頃のインタビューを読み返すと、わたしは「楽しければよい」みたいなことばかり言っている。「飽きたらやめます」とか。そんな感じでスパッと決めたのだと思う。そもそもB・iSHに入ると決めたときも即断だった。

「B・iSHのこともメンバーも大好きなんですけど、やめたいです」

渡辺さんには正直に伝えた。

「お前、どれだけ多くの人に迷惑かけることになるのか分かっているのか！」

激怒した渡辺さんとの話し合いは平行線をたどり、その日、わたしはどうしてもやめられないんだということが悔しすぎて、泣きながら家に帰った。

渡辺さんの条件はシンプルだった。

やめるならB・iSHにプラスになるようにしろ。例えば、誰が聞いても凄《すご》いと思えるような就職先が決まっているとか、アイドル以外になりたいものがあるとか。とにかくB・iSHより有名になれるんだったらやめてもいい——というものだった。

でも、わたしはこれ以上人前に出たくないからやめようとしているわけだし、もちろんB・iSHより有名になんかなりたくない。やめられないという無力感に襲われた

ものの、こうなったら自分が変わるしかないと思った。結局、渡辺さんには「やっぱり続けます」とは言っていないが、何日か経って気持ちを切り替えて頑張ることにした。

歌やダンスが好きでB・iSHに入ったわけではなく、アイドルのことも全然知らず、人前に出てパフォーマンスすることがどういうことなのかも分かっていなかった自分だから、これを機にマインドチェンジをする必要があった。そうでないと、これからB・iSHの中で生きていけないと思った。少し冷静になると渡辺さんはわたしにこんなことを言っていたことを思い出した。

「まだ分からないじゃん。やめたいと思ってるのは今だけかもしれない。続けていたら気持ちだって変わるかもしれない」

このときはそんなことないと思っていたけど、この言葉は正しかったと思う。わたしは目の前のことしか見えていなかったのだ。このときの痛い思いは実は成長痛だったのかもしれない。成長痛は次のステージに行くのに不可欠だ。野音のライブは自分的に今ひとつだったところもあったけど、やりきった。それ以降はB・iSHと共に成長しているという実感が得られている。自分の痛い思いを避けて楽な方に進むか、痛みを全身で受け止めてそこから逃げずに成長痛に変えるかは自分次第なのだ。

and LOVE

BiSHの柱の元キャプテン

チッチを見れば、最新のBiSHの状態が分かる。わたしはそう思う。

2017年のチッチと、BiSH結成時のチッチは別人と言ってもいい。それは、BiSHの肩書きが〝クソアイドル〟から〝楽器を持たないパンクバンド〟にガラッと変わったように、彼女自身が変化したからだ。

チッチがつらいときはBiSHにも重たい空気が漂っていたと思う。例えば、ハグ・ミィに続き挑戦したダイエット企画。メンバーの前やお客さんの前で涙を流す彼女の姿を何度も見た。企画が失敗して結成当時からの彼女のキャプテンという肩書きは消えた。

でも、彼女はそんな過酷な試練を何度も乗り越えてきたからこそ、今、わたしの目に映るチッチの印象は、BiSHの看板を背負ったカッコいい存在だ。つらい経験を

してキャプテンという肩書きがなくなってからの彼女の方がBiSHにとって欠かせない柱のような存在になっていると感じる。

チッチは涙を流す度に強くなっていると思う。ダイエット企画でチッチがあまりにもつらそうで、これはBiSHをやめてしまうのではないか……というとき、アイナは「チッチの代わりはいない」と言った。

結成当時から同じ時間を過ごしたチッチが今もBiSHにいてくれて、わたしは本当にうれしく思う。もし、あのときチッチがBiSHから去ってしまっていたら、今のBiSHはまるで違うものになっていただろう。BiSHと人生を共に過ごし、常に変化し続けているのがセントチヒロ・チッチなのだ。

元キャプテンであるチッチは一見、一番のしっかりものに見える。確かにしっかりしている。だけど、抜けている部分もある。例えば、携帯をなくしてしまったり、衣装の靴を忘れてしまったり、MCで噛《か》んだり、だけどそんなことでは動じないのがチッチで、携帯がなくなったときも一週間ほど携帯なしで生活していた。そんな、しっかりしているけど少し抜けてるところはチッチの愛すべきところだとわたしは思う。

チッチはわたしにはないものをたくさん持っている。自分の好きなものは好きとはっきり言えるところ。人と関わるのがうまいところ。人に気をつかえるところ。

気遣いができるということは、自分の周りがよく見えているということだ。〝チッチはＢ・ｉＳＨの主人公感がある〟とツイッターでつぶやいている人がいて、確かにそうだなと思った。それは、彼女の人間性によるもので、清掃員やメンバー、関係者の人たち、周りの人たちに愛を振りまいて愛されているからこそなのかもしれない。自分だけでなく、周りがしっかり見えているからこそ主人公になれるのだ。

透き通るような女の子

ハグ・ミィが抜けた後に入ってきた新メンバー、アユニ・Dに初めて会ったのは渋谷のダンス・スタジオ。透き通るような女の子がスタジオで一人でわたしたちを待っていた。一言でどんな子かは言えないような、摑《つか》みきれないものを持った子だと思った。そして、その佇《たたず》まいからかわいらしくて、いい子なんだろうなと分かった。彼女は若くして北海道から単身で上京してきたのだ。わたしがアユニの年齢だったときのことを考えると、その凄さがあらためて実感できた。BiSHに入ってきてくれたことはうれしいけど、少し可哀想だとも思った。親元を離れて東京で暮らすっていうことは、無理やりにでも大人にならないといけない。だけど、どうしても大人になれないことだってある。

「本当は泣きたくないのに」

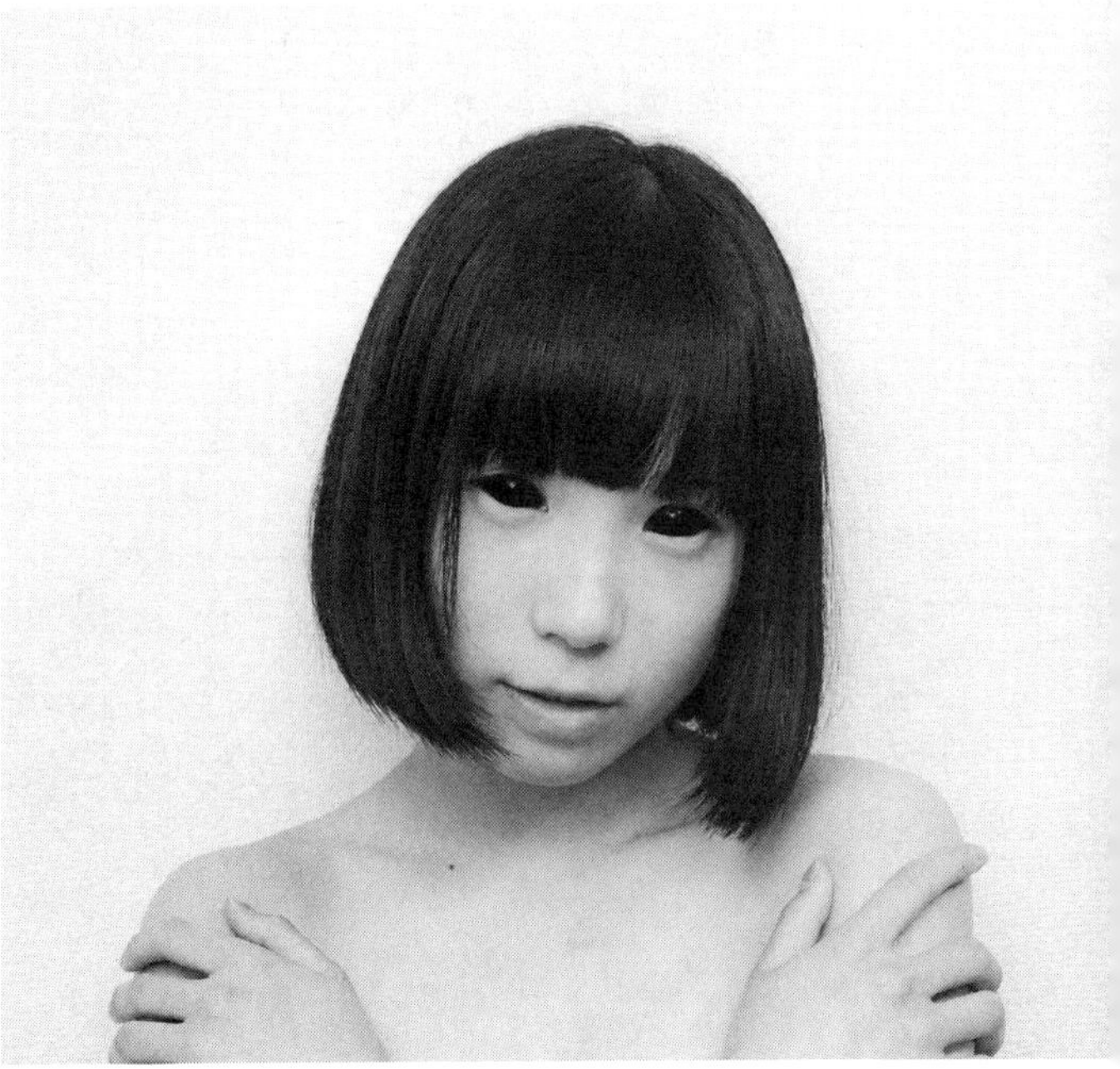

アユニは加入時に泣きながらよくこう言っていた。泣きたいときに泣く。こんな彼女の持っている、大人になるにつれてわたしたちが忘れてしまったような純粋で隠しきれない感情がすごくきれいだと思った。東京で慣れないことだらけで、それだけでも大変なのに既存曲の振り付けなど覚えなければならないことが彼女にはたくさんあった。いっぱいいっぱいになってしまうのは当たり前だ。でも彼女の凄いところは泣きながらも絶対に逃げなかったところだ。

アユニは周りからたくさんのことを吸収してどんどん成長していって、〝新メンバー〟から立派なBiSHの一員になった。だけど、わたしたちがアユニから学んだことも同じくらいたくさんある。周りから学ぶ姿勢だったり、一生懸命さや、謙虚さだったり、そんな当たり前のようで忘れてしまいがちなことが、5人のBiSHには足りなかった部分なのかもしれない。

東京にやって来た彼女は〝透明〟から〝白〟に変わったかもしれない、だけど、心は透き通ったまま。アユニを見てると、そんなことを考える。

とはいえ、わたしもまだ彼女のことをよく分かっていない。わたしたちに見せる彼女とはまた違う一面があるのかもしれない。かわいいだけじゃない、何か底知れない部分だ。彼女はどんな大人になっていくのだろう。

5人のBiSHに足りなかったもの

アユニが入ってきてBiSHは良くなった。これはわたし自身も思うことだし、ファンからもよく聞くことだ。

5人のときと6人のとき、同じグループなのに確実に何かが違う。アユニが入ってきてBiSHに何か新しいものが付け足されたというよりも、前からいた5人が変わった方が大きいと思う。

面倒見のいいハグ・ミィがいたときは、彼女がBiSHのまとめ役でもあった。ハグ・ミィに甘えていた部分が多かったため、5人になったBiSHには周りを見渡す役割がいなくなってしまった。ハグ・ミィがいなくなったばかりの頃、5人はそれぞれが自分のことしか考えていなかったように思う。

わたし自身、この5人の中でどうやって自分のポジションを確立していこうか、自分のファンを増やすためにはどうすればいいのか……BiSHではなくて、モモコグミカンパニーを守ろうと必死だった。あとで映像を見返すとこの頃の私は「MONSTERS」というカッコいい曲でも笑顔で自分をアピールしたりと、どこか履き違えた〝個性〟を意識しすぎていた。

わたしがそうであったように、もし5人がそれぞれグループの中で自分のことしか考えていなかったとしたら、個性を潰《つぶ》しあってしまうのは当たり前なのかもしれない。

アユニがBiSHに入った後、わたしたちは彼女に何を教えればいいのかということを考えたりして、自己中心的になるのをやめて周りを見るようになった。こうでありたい自分を押し付けるんじゃなくて、全体を見まわして自分の役割を探すようになった。その結果、6人のバランスがちょうどいいカタチになった気がする。個性の塊がぶつかり合って黒になりかけていたわたしたちは、白によって鮮やかな色になっていった。

「モモコのこと嫌いだった」

インタビューの帰りにアイナに言われた。

「モモコのこと嫌いだった」

その日はわたしとアイナがインタビューを受ける日で同じ部屋で順番に取材を受けていた。だからお互いに何を話してるか聞こえる。アイナのインタビューはいつも熱い。熱い人っていいなあ、情熱とか、表に感情が出やすくて、アイナは私にないものを持ってるなあなんて思いながら聞いていた。「B・iSHが熱い」って言われるのはきっとこういう人がいるからだ。

昔は熱い人なんてエネルギーの無駄使いだって思っていた。感情に流されない冷静な自分の方が賢いんだなんて思ってたけど、最近はアイナみたいな人のことを少しうらやましく思う。感情を身体で人に表現できるのは凄《すご》いことだ。帰り道、渡辺さんとアイナと撮影をしてくれた外林さんとラーメンを食べて、駅までアイナと2人で歩いた。外は薄暗くて今日はもう終わりだなあなんて思いながら歩いていた。アイナがなにげない会話の中でさらっと「モモコのこと嫌いだった」と言った。

え？　今なんて言った？

その言葉を呑《の》み込むのに時間がかかった。

当たり障りなく生きてきた自分は嫌われるなんてことないって勝手に思ってた。誰かと比べられたり競ったりすることが大嫌いで、いつも中立で、喧嘩《けんか》してる人の間に挟まれることが多かった。喧嘩なんてするエネルギーがあったら他のことに使いたかったし、ムカついてもそれを相手に言わなければいいだけのことだと思ってた。その結果、仲が深まることはないかもしれないけど、対立して面倒なことになることもない。それが今までの自分の生き方だ。

BiSHが始まった4人の頃、アイナとチッチが喧嘩していても、その中には入りたくなかった。どうして同じグループなのに喧嘩なんてそんな面倒なことするんだろう？　そんなことすら思っていた。中立を保ってきた自分が嫌われることなんてあるのか？　でも今嫌いだったたって言われたなあ。

アイナはこんなこと言ってごめんってすぐ謝ってくれた。わたしも、んーん、全然いいんだよなんて言って、それ以上深く聞き返すこともしなかった。だけど、その言葉がアイナとお別れしてからも頭の中をぐるぐる回っていた。ショックを受けた訳ではなかった。一見強そうに思えるその言葉には棘《とげ》はなく、むしろ今まで感じたことのないような温かみすら感じていた。

あ、そうか、わたしはアイナとは真逆の人間、真逆な生き方をしてきたからだ。中立の生き方とぶつかっていく生き方。そんな2人が混じり合わないのは当たり前で、だけどBiSHに入ってから混じり合わないはずの人間が一緒になった。

アイナがわたしのことを嫌いだったということには納得するし、わたしもアイナのことは最初の頃、正直苦手な部類の存在だった。きっと同じ気持ちだったんだ。そう思うと、アイナからの言葉がなんだか新鮮で大切な言葉に思えた。こんなことを面と向かって言ってくれる子が同じグループにいてくれることがうれしかった。一時でも嫌いって思ってもらえるほどわたしに心から関わってくれたんだ。わたしは本当は冷静なんかじゃない、泣きたくても言いたくても怖くて何もできなかっただけなんだ。感情を素直に表に出すことのできるアイナがうらやましかった。自分はBiSHにいて人生が変わった。それはきっと一緒になることのなかった人と関われているからだ。

そういえばアイナと2人で帰るのっていつぶりだったかかな。

Canon

素のリンリンが好き

最近、リンリンとのツイッター上での絡みが多いからなのか、リンリン推しなの？とリプライが送られてくることが多い。んー、正確に言えばリンリン推しではない。でもわたしはライブで叫んだり奇抜なことをしたりするリンリンよりも素のリンリンにとても惹《ひ》かれる。

普段のリンリンは、ここまでか！　っていうくらい、自分中心で世界が回っている。例えば、移動の車でも隣のいない一人の席を誰よりも早く確保したり、とにかくリンリンはリンリンに優しいのだ。わたしは彼女を見ていると窮屈そうだと思うときもあった。グループにいると自分を大切にするあまり、いろんなことに敏感になってしまって、些細《ささい》なことが気になってとても苦しそうだ。

わたしがリンリンとよく話すようになったのは、アユニがＢｉＳＨに入ってからだ

った。初めの頃、リンリンはアイナにしか心を開いていなかったように思う。わたしはリンリンとよく話すようになってから、新しい世界が見えた。彼女はみんながいいと思うことでも自分がいいと思わなければ群がったりしない。逆に自分がいいと思ったものは他人にどう思われようと関係なく実行に移す。リンリンは自分の幸せがどんなことかしっかり分かっていて、大衆に左右されることが滅多にない。こんなに自分

の内面と向き合ってる子がいるんだということに驚いた。

　とはいえ、自分以外の他人に配慮がないわけでもない。困ったことを話せば人一倍真剣に向き合ってくれるし、嘘のない優しさを持っている。リンリンの内と外の絶妙なバランスが新鮮だった。

　そんなリンリンの書く歌詞は、ＢｉＳＨの代表曲の一つでもある「beautifulさ」などたくさんの人に共感してもらえる歌詞が多い。リンリンは自分にとっても正直だから、たくさんの人に共感してもらえるリンリンワールド全開の歌詞が書けるんだと思う。リンリンの歌詞は全て自分から出た感情をリンリンなりの言葉に置き換えて作られているのだ。リンリンがリンリンに優しい曲が、結果的にはたくさんの人を救う曲になっているのだろう。

空気を変える天才

B・iSH歴代メンバーの中で、周りから理解されるまでに一番時間がかかったメンバーといえば、ハシヤスメ・アツコだ。見た目はきれいなお姉さん。だけど、なぜかみんなが疲れているときに元気だったり、みんながご機嫌のときに怒っていたり。とにかく謎が多かった。そのせいで加入当初、不思議がられることが多かった。

わたしもどういう人なのか受け入れるまで時間がかかったし、他のメンバーとも対立していることが多かった。

彼女はB・iSHに入りたての頃、渡辺さんに「歌っているときの手振りを変えた方がいい」と指摘されたことがあったが、「でも、わたしはこれがいいと思ってるんです」と言い返していた。自分がいいと思っていることに対して、目上の人にも物怖《ものお》じせずに自分の意見を言っていたのだ。話し合いでもメンバーが同調するような空気に

禁 煙
禁 酒
RULES
NO SMOKING
NO ALCOHOL

なっても、メンバーの意見が5対1に分かれても自分が正しいと思えることを貫く。納得いかないときはNOと言えるのが彼女。自分の中に曲がらない芯《しん》のようなものがあって、それに従って流されずに生きているんじゃないかと思う。

空気を読まないのは悪いことと一般的には思われているかもしれないが、アッコはBiSHの中で空気を変える天才として、本人は気づいていないかもしれないけれど、すごく貢献している。

なんとなくBiSH内の空気が悪いとき、アッコの一言で場の空気が明るくなることがこれまでに多々あったし、わたしが落ち込んでいるときに「モモコさん大丈夫？」って声をかけてくれて足をマッサージしてくれたり、すごく優しいところもある。

一回アッコに聞いたことがある。

「どうしてそんなに明るいの？　なんで疲れないの？」

そうしたらアッコは「えー、だって暗い雰囲気は盛り上げないといけないじゃん」みたいなことを言っていたが本当のところはどうなのだろうか。

頑固さとは少し違う、アッコの人に流されないところがわたしはすごく好きだし、カッコいいと思う。

頑張ってるのはカッコ悪い

いつでも努力は人に見せたくないタイプだった。学校ではテスト前、徹夜で勉強したくせに何もしてないなんて友達に言っていた。そんな性格のせいか、わたしは兄と弟にとって嫌な奴だったらしい。テストでいい点を取ったら、家で兄弟に見せびらかし、兄弟たちよりも偏差値の高い学校に受かれば、自分は努力しなくてもこんな学校に入れたのよ！　なんて、受験期には帰り道歩きながら勉強していたようなガリ勉の自分を隠して見下すように自慢していたから、今考えれば嫌われるのは当たり前だったかもしれない。運動は苦手だし、生徒会に入ったり、学級委員になったりして目立つわけでもなかったわたしは、勉強くらいしか自分で頑張って身につけたもので家の中で自慢できるようなことを見つけられなかった。

B・iSHの活動でもなるべくおちゃらけた自分を見せたくて、ダンスや歌はできないけど、「わたし、真面目に頑張ってます！」なんていう姿は絶対見せたくなかった。だから、ハグ・ミィやチッチのダイエット企画みたいに頑張ってる姿を世間に見せて、ファンもそれを見て応援してくれるっていうことが、わたしには考えられないことだった。たとえそれが失敗しても成功したとしても、頑張っている過程を見せるのは今までのわたしの生き方には反していて、とても勇気のいることだった。今振り返ると、2人ともわたしより数段大人なのだと思う。

頑張っている姿をなんで自分は見せられないんだろう。たぶん怖いからだ。あんなに頑張ったのにこの程度かと思われるなら、何もしてなかったように見せて「え！すごく成長したね！」って言われる方がいいに決まってる。

2016年12月、O-EASTで行われたワンマンライブ「iN THE END」でアイナが1カ月休むことになった。BiSHは一人でも欠けたら活動をしないから、ライブも1カ月お休みだ。

アイナが休止すると聞いて最初に思ったのが、これはチャンスだってこと。

BiSHの活動が休止になることで今のBiSHの人気が下がることはないだろう。むしろ、BiSHを好きな人はこういうドラマチックなことが好きなんだろうなと思った。きっと1カ月後の復帰ライブではこれまで以上に熱い声援を送ってくれるはず

注意！

だ。

アイナはＢｉＳＨが始まってから振り付け、歌、ファンの清掃員のこと全て一心に受けて戦っていて、その姿はなんだか今にもくずれおちてしまうように見えることもあった。その姿を見ているだけで何も力になれない自分がもどかしかった。だからわたしにはこの１カ月を使ってモモコグミカンパニーを成長させるためにやることがたくさんある。

一人で練習すればするほど、前の自分が恥ずかしく思えた。わたしに足りないものは他のメンバーがカバーしてくれるから、目立たなかっただけなんだ。そう思って、情けなかった。

ダンスがど下手でも許されるような位置にいるんだったら、そんな努力は必要ない。むしろそのままでいる努力をしないといけない。でも、ハグ・ミィが抜けてアユニが入ってきて、メジャーデビューもしている今のＢｉＳＨの中では、そんなわたしでは悪目立ちするだけだって分かっていた。わたしの素人の下手さが許されるような、それが個性だって認めてもらえるような隙間はないと思った。

ダンスがうまくなりたいとも心から思えない自分にとっては、すごく苦手な食べ物を克服しなくちゃいけない気分だった。アイナのようにダンスはうまくなれないけど、どうにかして変わらないとこれからのB・i・S・Hの中でわたしの居場所がないのは自分の中でハッキリしていた。

年が明けて1月。アイナが活動休止後のライブで成長したって言ってくれる人がたくさんいた。頑張ってるのはカッコ悪くなんてないのかもしれない、頑張らないとできないのだからしょうがない。自分の努力を恥ずかしがって隠すのも自由だけど、人が頑張っている姿はきっと周りの人に伝わっている。その姿に知らない誰かが勇気をもらっていることだってあるのだろう。

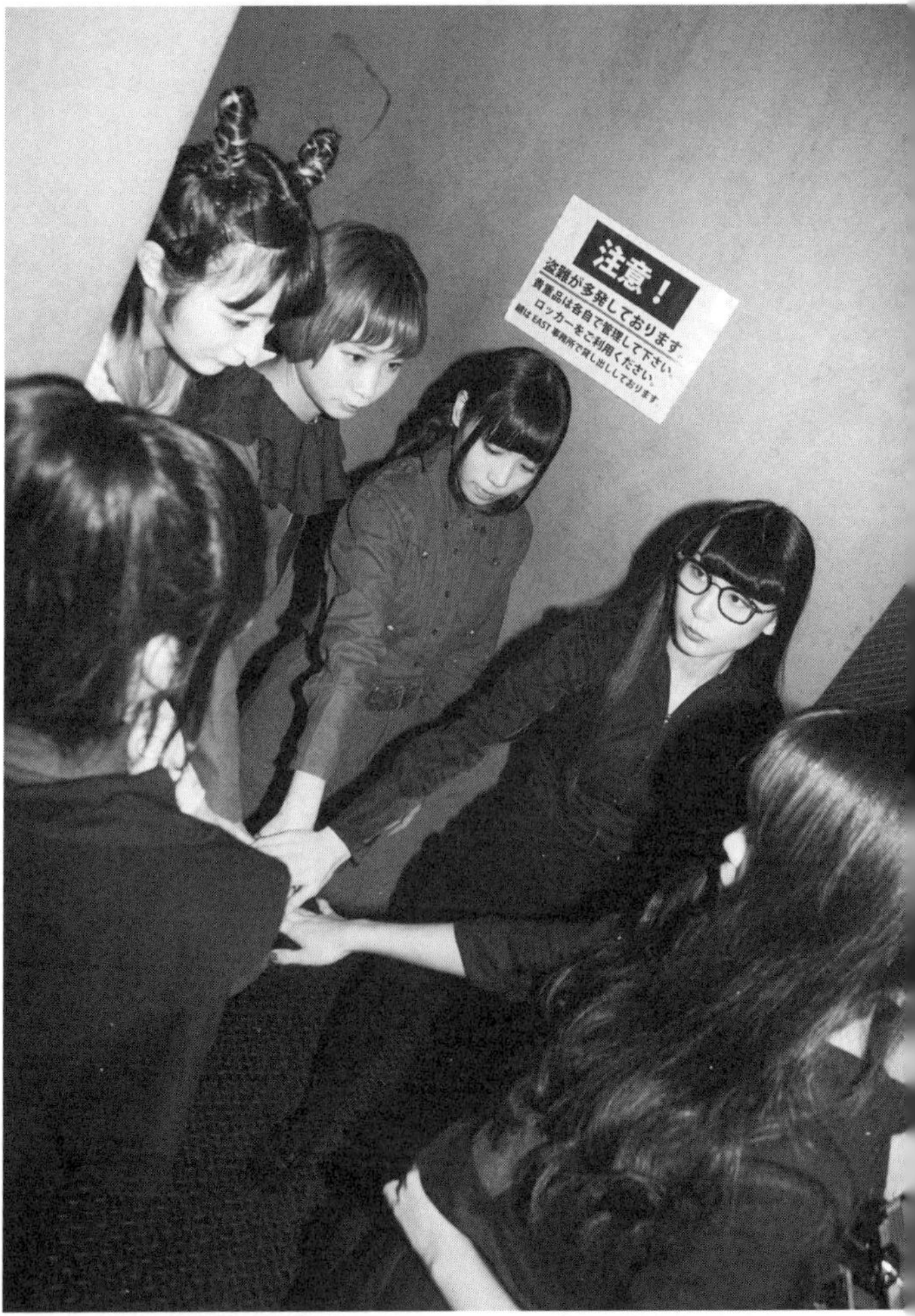
注意！
盗難が多発しております。
貴重品は各自で管理して下さい。
ロッカーをご利用ください。

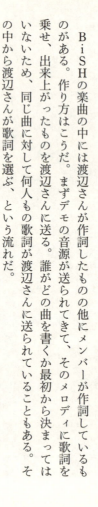

歌詞

B・iSHの楽曲の中には渡辺さんが作詞したものの他にメンバーが作詞しているものがある。作り方はこうだ。まずデモの音源が送られてきて、そのメロディに歌詞を乗せ、出来上がったものを渡辺さんに送る。誰がどの曲を書くか最初から決まってはいないため、同じ曲に対して何人もの歌詞が渡辺さんに送られていることもある。その中から渡辺さんが歌詞を選ぶ、という流れだ。

選ばれた歌詞にはいつもそのメンバーの人間性が色濃く出ていると思う。あるとき、このようなツイートを発見した。

〝モモコとかリンリンの書いた詩見てると煌《きら》びやかで飾られたものって一つもなくて、どれも等身大な感じがする〟

ここではモモコとリンリンが取り上げられているが、これはB・iSHのメンバー作詞の楽曲全てに当てはまると思う。

採用されなかった歌詞はたくさんあるが、今振り返るとやっぱりどこかカッコつけていて、いい歌詞を書こうという気持ちが前に出すぎていた気がする。

渡辺さんが選ぶメンバーの歌詞にはメンバーそれぞれが生きてきた本物の感情が入っている。BiSHの歌詞には心が詰まっているのかもしれない。自分だけが持っていると思っていた心の景色をサウンドと一緒に聴いてもらえる。そして共感し、涙が出ると言ってくれる人がいる。そんなことがわたしにはなんだか奇跡みたいで素晴らしいことだと感じられる。

嘘のない言葉しか伝わらない

普段生活していて他人に自分のことを分かってもらうこと、共感してもらうことって少ないんじゃないかって思う。

女の子なら尚更《なおさら》、「わかるわかるー!」ってとりあえず言ってるだけで、実際のところは人の話題を終わらせて自分の話を聞かせたいだけなんでしょ? って子が多い気もする。

そんな軽い、「わかるぅ〜」なんかじゃなくて、涙が出てしまうくらいの「わかる」が生きている心地がするのだ。わたしだけじゃなくて、たぶんみんなそうなんじゃないかなぁ。

同じ人間だから人間に共感してもらうことで、みんな同じ人間なんだと実感する。

わたしはステージに立つ人間だけど、他の人間となんら変わりない。人前に立つようになったからこそ本当のことを言いたい。嘘のない言葉しか人に伝わらないと思うから。

　わたしは苦しいとき、言葉に助けられることがたくさんあった。本物の言葉の裏には本当の感情が潜んでいるから、大変なのは自分だけじゃないって思えるからだと思う。悲しいけど、やさしくて泣いてしまうような言葉ほど、その裏には傷ついた心が潜んでいるのだ。

　ＢｉＳＨに入って書いた歌詞、ツイッターで発信する言葉たちは、心からうれしかったり、苦しんだり、傷ついた自分自身を励ましたりするためのもの。嘘のない言葉たちだ。そんな自分の中だけにあった言葉を伝えられることは、今ではなんとなく当たり前になってしまっているけど、凄《すご》いことだって思う。

　人によって〝本当のこと〟の伝え方はそれぞれで、ＢｉＳＨのメンバーを見ていても伝える方法はさまざまだ。歌声だったり、表情だったり、仕草だったり、伝え方にはたくさんの方法がある。それがわたしの場合は言葉なのかもしれない。

CHAPTER

3

MOMOKO

小学生

小学生の頃のわたしは、とにかく人と同じことが嫌いだった。ランドセルは他の同級生と同じ赤色は嫌だったし、学校指定でみんなが使っている絵の具セットを使いたくなくて、わざわざ市販のものを親に買ってもらったりしていた。なぜだか「普通だね」と言われることがすごく嫌だった。そんなふうに思っている自分が一番普通だったのかもしれないが、人と違うことを求めていたのは同級生から一目置かれたかったからかもしれない。

学校では常に友達といるタイプで、そうしなければいけないと思っていたが、周りの友達が自分のことをどう見ているのか？　いま自分と一緒にいて楽しいだろうか？　どんなことを考えているのだろう？　こんなことばかり考えていた。毎朝一緒に登校している同級生を飽きさせたくなくて、登校の前にわざわざ3つは必ず話題を用意しておいたり、給食中も班の空気が悪くならないようにグループでできるゲームを提案したりしていた。おかげでわたしはなぜかクラスの人気投票で一位になることができた。だけど家に帰るとすぐに眠ってしまうくらい消耗していた。

正直なところ、一人でいるのが楽しかったのだ。

何が自分をそんなに疲れる小学生にしていたのかは分からない。わたしは学校で朝から人といるだけで疲れるのに、どうして周りのみんなは毎日放課後に遊びに行けるパワーがあるんだろう、と不思議で仕方なかった。放課後の遊びが鬼ごっこのときは心の中で絶望していたが、かくれんぼをしたときは一人くらい大丈夫だろうと隠れるふりをして家に帰ったりしたこともある。かくれんぼは強い方だったかもしれない。

「背中から黒いオーラが出てるよ」

高校1年生になりたての頃、数学の授業中、後ろの席に座っている同級生からこんなことを言われた。

「ねえ、背中から黒いオーラが出てるよ」

「あ、やっぱり?」

わたしは確かこう答えた。

わたしはとにかく考えすぎていた。数学という授業の時間の意味。明日も明後日《あさって》も、学校があり授業がある。どうしてわたしは毎日こんなに無意味な時間を過ごさなくてはいけないのだろう。どうして高校生は人のことばかり気にして仲良くもない子とつるんだりするんだろう。

実を言うと本当に行きたい学校じゃなかった。わたしにはすごく行きたい高校があり、その高校に行きたくて仕方なくて中学生活のほぼ全てを勉強に費やしてきたようなものだった。だけど、その高校には落ちてしまって、今ここにいる。第一志望校に受からなかったことはわたしの人生で初めての大きな挫折《ざせつ》でまだそのことから立ち直れていなかった。ここが嫌なわけじゃない、この高校に入りたくて来てる人も大勢いるし、自分のせいで落ちてしまった人もいるはずだ。ただ、どうしても〝あの高校に受かっていたら……〟なんて考えてしまっていた。

ノートの端っこに落書きをしながらそんな気分でいたら黒いオーラが出ていたらしい。

ああ、なんで他のみんなのように全力で高校生活を楽しめないんだろう。周りの同級生はキラキラしていて黒いオーラなんか見えやしない。

あの高校に行くための授業なら頑張れた。だけど今の数学の授業はなんのためにしているんだろうなんて考えながら、うわの空で窓の外を見ていた。

笑ってできた友達

わたしの生き生きしていなかった高校生活にも光がさすことになる。

高1の夏。心から親友だと思える友達に出会ったからだ。

その子とは同じクラスだったが、特に友達になろうとも思ってはいなかったし、同じ空間にいたのに夏休み前になるまで話したこともなかった。

仲良くなったきっかけは音楽の授業中だった。わたしは音楽の先生の何気ない言動がすごくツボに入って、他に笑っている人はいないのに噴き出して笑ってしまった。だけど、正確には笑っているのは自分だけではなかった。わたしとその子だけ。偶然隣にいて、わたしと同じように笑っていたのが、のちに親友となるその子だった。

音楽の教室で2人だけクスクス笑っている状況が面白くて、わたしはもっと面白くなって笑った。

話したこともなかったその子とはその日からぐっと距離が縮まって、わたしたちはほぼ毎日一緒に過ごすようになった。朝から放課後まで。薄暗かった高校生活が一気に明るくなった。その子に会うのが毎日楽しみで学校に行っていたのだ。

周りから見たら変わり者の2人だったと思う。わたしたちは体育祭の練習を2人で抜け出したり、一人ではできなかったこともなんのためらいもなくしていたし、なんだか2人ならなんでもできる気がしていた。

わたしは前みたいに授業の意味を考えたりとか、大して仲良くもない友達と少し無理しながら一緒に過ごそうとも思わなくなっていた。その子と親友になってからは、学校までの上り坂を自転車で上がるのもまったくつらくなかった。

この子に会えたからこの高校に来てよかった。心からそう思えた。

部活動

わたしはとても飽き性で昔から〝続ける〟ということがすごく苦手だ。

小さい頃やっていたピアノも書道も体操教室も何もかも上達する前にやめていた。初心者なら誰でもぶち当たる壁みたいなものが見えたら、自分には向いていないんだと開き直ってすぐにやめてしまおうと思ってしまう。そのくせ、自分がやったことのない別のものがキラキラして見えて足を突っ込みたくなる。その繰り返しだ。

部活動に関しても一貫して何かをしていたことはない。小学生のときには、剣道部。中学では吹奏楽部。高校では女子サッカー部。どれも初心者から始まって初心者のまま終わる。

部活動はみんなが入るものだからとりあえず入って、とりあえず頑張っていた。なかでも一番つらかったのは球技が苦手なのに入ってしまった女子サッカー部。

なぜ女子サッカー部を選んだのかというと、その頃、なでしこジャパンが活躍していたことと、中学は文系の部活動だったから、体を動かそうと思ったからだ。

そんなわたしはサッカー部では部活そのものよりも部活が終わった後、仲間と一緒に喋《しゃべ》りながら帰る方がメインで楽しいことだった。やってることがサッカーでも吹奏楽でも本当は関係なかった。友達と楽しくいれればいいと思っていた。だから試合でレギュラーに選ばれずに補欠になったときでもまったく悔しくなかったし、むしろ自分にとっては応援している方が気が楽だった。

こんなわたしの部活に対する態度を見てなのか、一度チームのキャプテンに呼び出されたことがある。放課後の薄暗くてガランとした教室にわたしとキャプテンと副キャプテンの3人。まず話し始めたのはキャプテンだった。

「やる気あるの？」

一瞬、わたしは泣きそうになった。キャプテンに詰められて怖かったからではない。このときのキャプテンの口調はまったく怒りを感じないむしろ同情の口調だった。キャプテンはわたしが楽しそうにサッカーをしていないから、嫌ならやめればいい、苦手なことをしている部員が可哀想……と思っているようだった。そのやさしさともとれる同情のようなものが逆につらかった。

「ないよ。サッカーなんて苦手だし、好きじゃない」。そんなこと言えるはずもなく、わたしは「頑張ってるよ」と言い、サッカーノートというサッカーが上達するための日々の記録を見せた。「それならいいや」とキャプテンは納得した様子だった。やる気はない、でも頑張ってることは事実だ。みんなほどサッカーに熱は入れ込んでいなかったけれど、わたしはわたしなりに頑張っているのだ。本当はサッカーは最初の3カ月で飽きていたのに、一年続いてるだけで自分には珍しいことなんだ。

いつもの飽きがきても途中でやめることは考えられなかった。せめて高校3年間はこの部活をして、大好きな女子サッカー部の部員の一員でいたかった。キャプテンにこんな話をされてこれからどんな顔をして部活動に取り組むべきか不安がよぎったけれど、わたしはわたしなりに卒業まで頑張ろうと思った。

ヘンなところが面白い

昔から自分のヘンなところが大嫌いだった。

背が低い。

すぐ顔が赤くなる。

運動音痴。

方向音痴。

どれだけ頑張っても不器用さが隠せない。いろんなことが自分への劣等感へとつながっていた。

そんな自分を変えたくて仕方がなかった。どこに行っても「小さいね」なんて言われない身長になりたかったし、〝普通〟になんてなりたくないといつも思いながらも、自分の〝普通〟になれないところが嫌いだった。

でもB・iSHで人前に出るようになってから、自分でヘンだと感じている部分こそが、わたしの個性を作っているのではないかと思うようになった。わたしという人間を形成するものなんじゃないかと。

苦手を克服しようと努力するのは大切だけど、そういう考え方だけが正解なのだろうか。わたしは少し窮屈に感じる。なんでもできるから凄《すご》いということではない。B・iSHが個性的だと言われるのは、みんながちょっとずつ〝ヘン〟だからじゃないだろうか。一見なんでもできるように見えるグループだけど、実はそれぞれがヘンなところを抱えながら生きている。だからB・iSHは面白いと思う。

Outpu
ALL YOU NEED is PUNK and LO
SKANK

PHOTO BY CENTCHIHIRO CHITTiii

PHOTO BY HASHIYASUME ATSUKO

PHOTO BY CENTCHiHiRO CHiTTiii

PHOTO BY LiNG LiNG

PHOTO BY AYUNI D

PHOTO BY CENTCHIHIRO CHITTiii

PHOTO BY CENTCHIHIRO CHITTiii

PHOTO BY CENTCHiHiRO CHiTTiii

PHOTO BY LiNG LiNG

PHOTO BY AYUNi D

PHOTO BY CENTCHiHiRO CHiTTiii

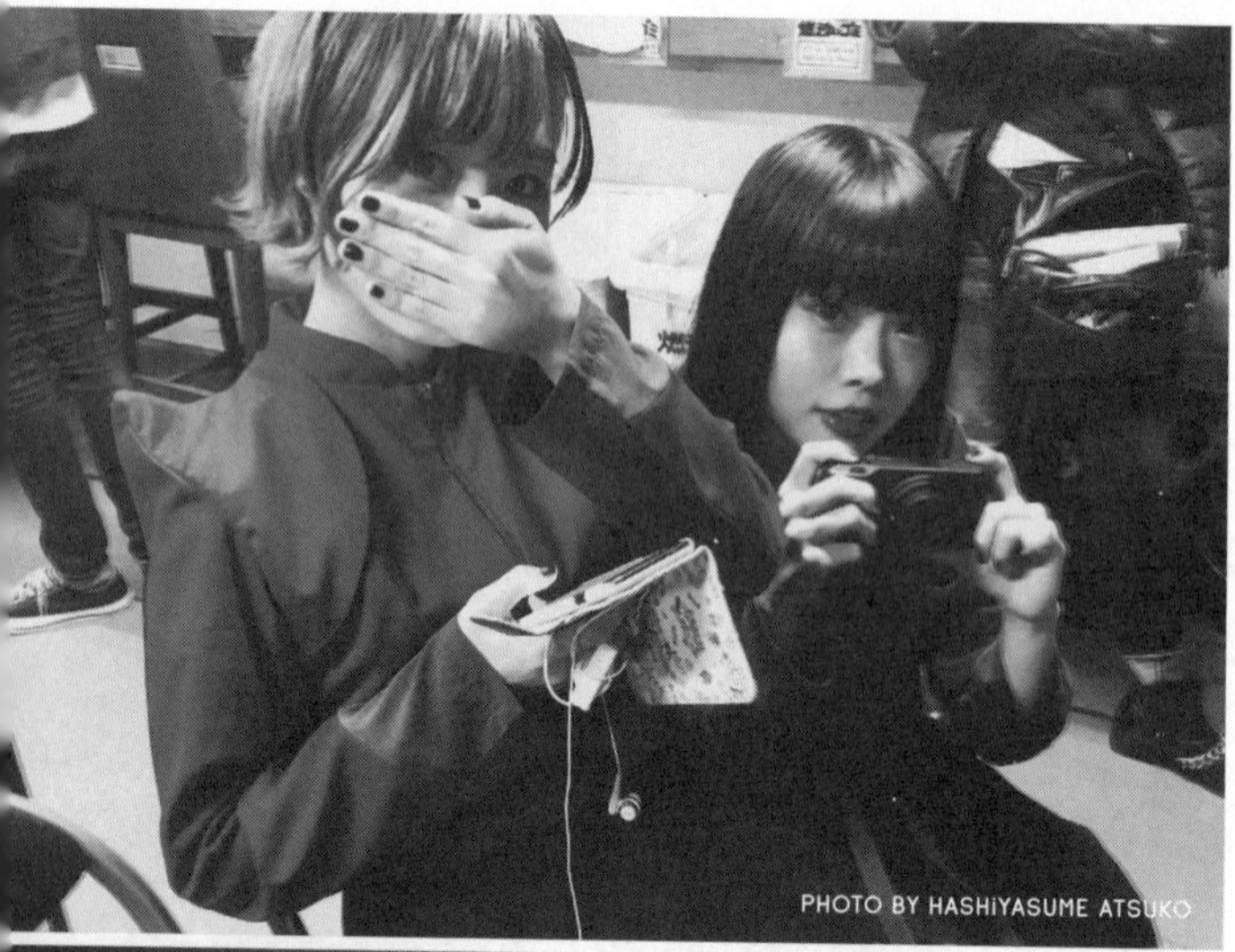

PHOTO BY HASHiYASUME ATSUKO

PHOTO BY CENTCHiHiRO CHITTiii

PHOTO BY AiNA THE END

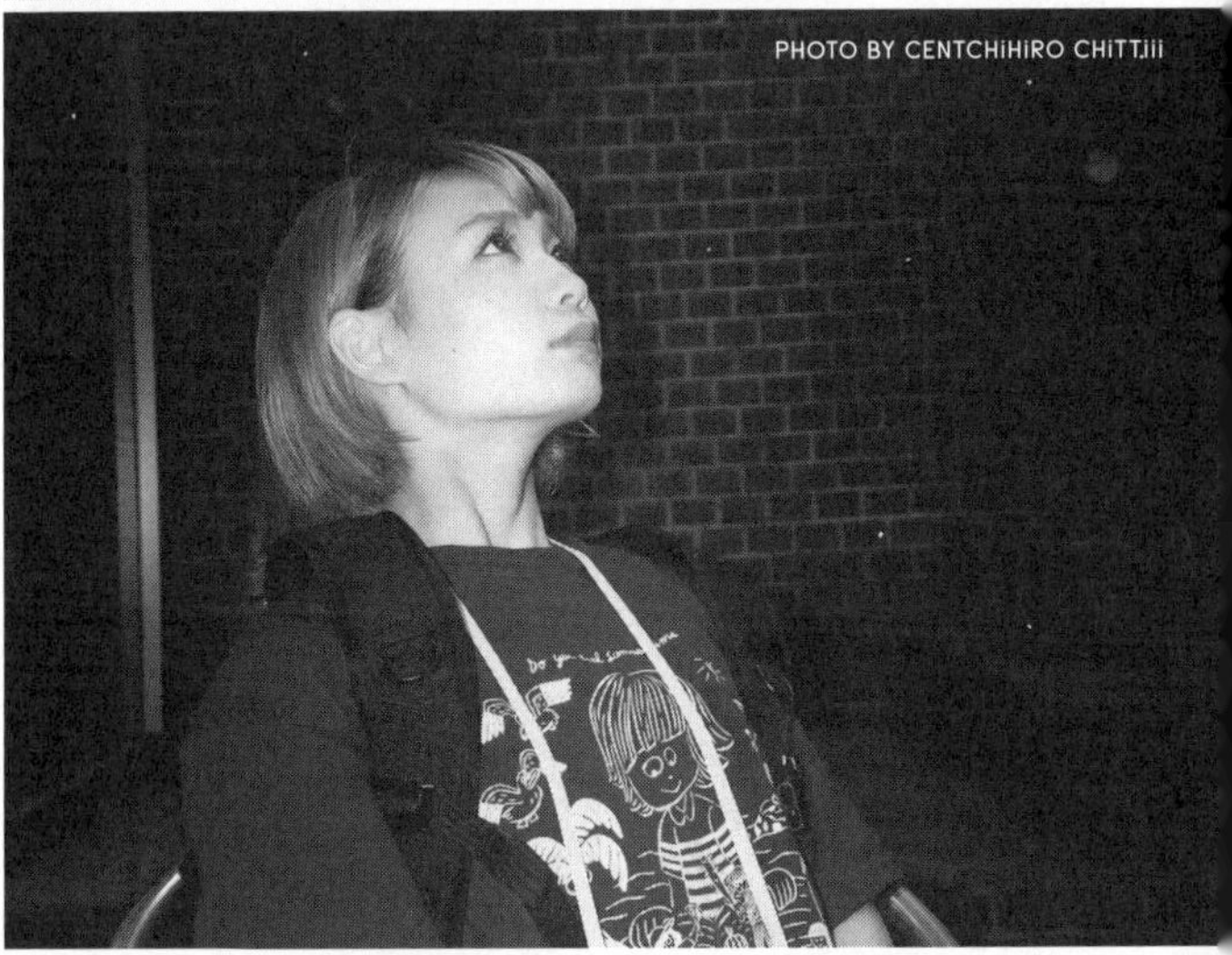
PHOTO BY CENTCHiHiRO CHiTT.iii

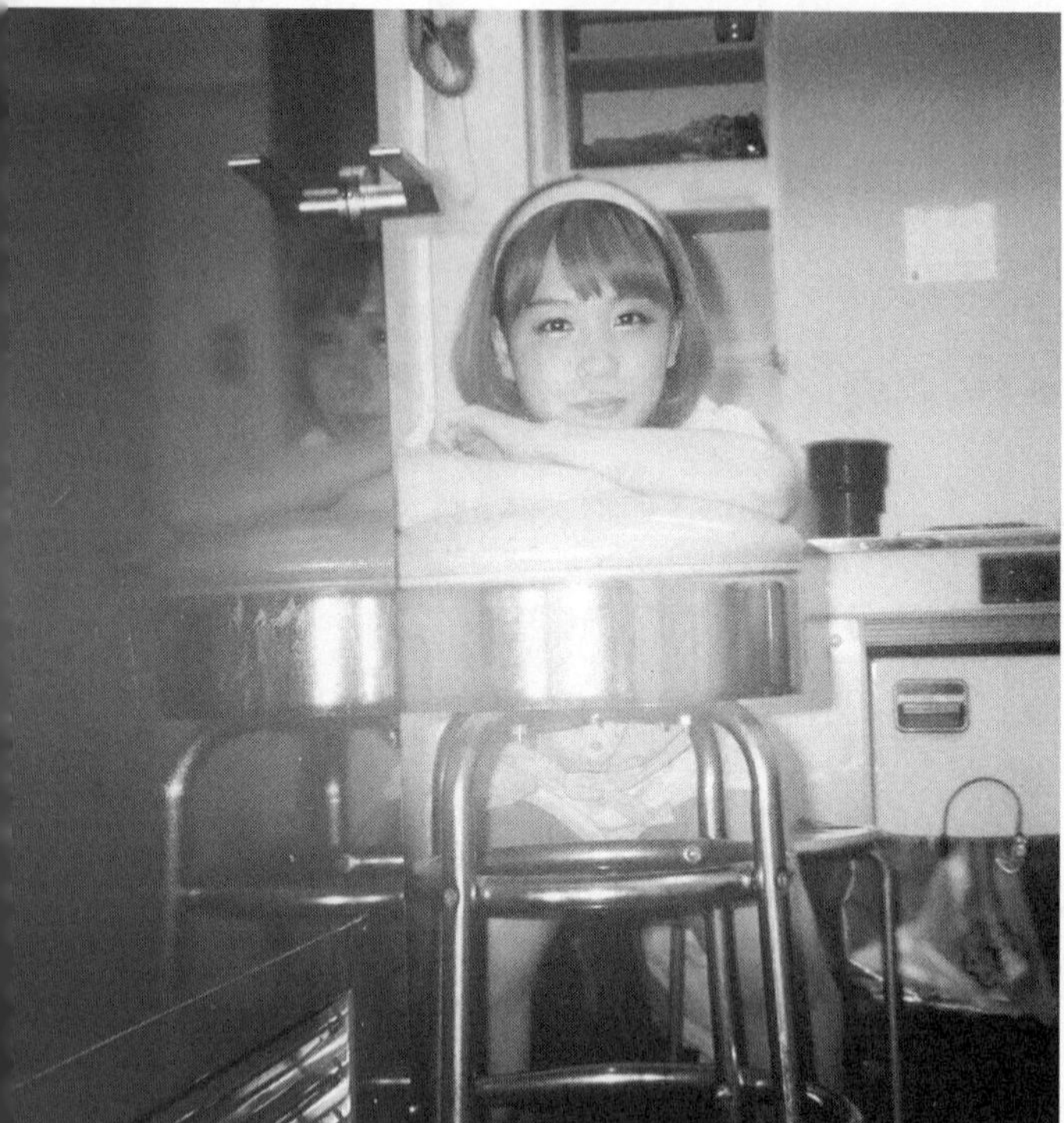

PHOTO BY CENTCHiHiRO CHiTTiii

PHOTO BY LiNG LiNG

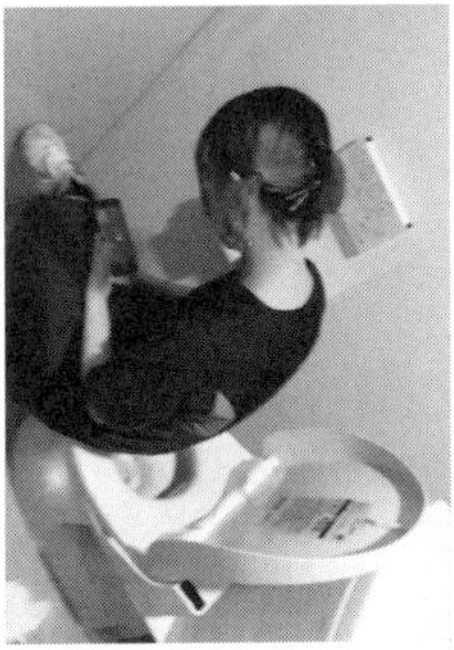

PHOTO BY LiNG LiNG

PHOTO BY CENTCHiHiRO CHiTTiii

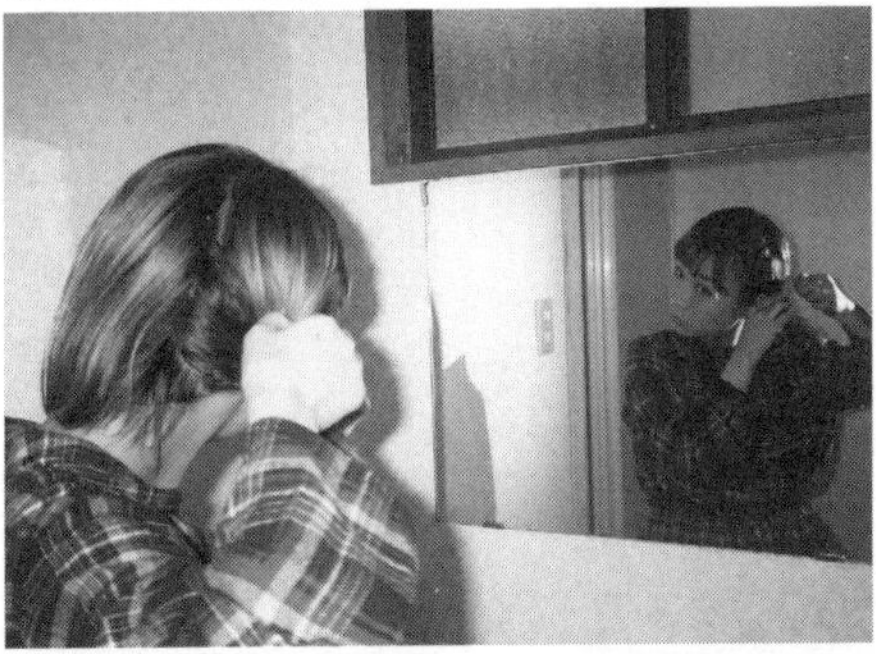

CHAPTER

4

THE BiSH SHOW

「オーケストラ」が消えた!?

BiS、GANG PARADE、BiSH。

WACKの所属グループによる新メンバー募集の合同合宿。5泊6日のオーディション3日目に、事件は起こった。

現場では過酷なルールがいくつも課せられた。そのなかでも最悪だったのは、日別の審査で1位だったグループは、最下位のグループの持ち曲を一曲奪うことができるというものだった。そしてBiSHの「オーケストラ」は、BiSのものになってしまった。

BiSに奪われた瞬間、現場には泣き崩れるアイナとその場に立ち尽くすアツコがいた。2人以外のメンバーは、ニコ生のライブ配信で各々がその様子をチェックしていた。わたしはツイッターに〝……〟とだけつぶやいた。すると、瞬く間に100以上のリツイート数がカウントされた。

悔しかったけど、ファンの人たちが必要以上に騒いでるような気がした。B・iSHから「オーケストラ」を取ったら何も残らないよね、と言われてるみたいじゃないか。

アユニが加入する前、「オーケストラ」がまだなかった5人の頃。

あの時期は果たして何だったんだろう？

決してムダにはなっていないし、5人のB・iSHの活動に意味がないと思われるのは悔しすぎる。当時はメンバー間も今よりは少しギクシャクしていたし、ぶつかり合って大変だったこともあるけど、6人のB・iSHの土台を作る大切な時間だった。

お互いのダメな部分も初めて知ることができた。いいところだけを知っていれば、その人のことを好きになれるけど、信頼はできない。わたしたちはすべてをさらけ出すことで、特別な信頼関係が生まれ、グループとして大きく前進することができたのだ。それに「オーケストラ」以外にも、B・iSHには本当にたくさんの素晴らしい曲がある。他の曲も「オーケストラ」と同様に大切な曲だ。だから「オーケストラ」がなくたって、わたしたちが無敵なことに変わりはない、と思った。

「NEVERMiND TOUR RELOADED」の初日。ツアーのためにオーディションを途中で切り上げて帰ってきたアイナとアツコと合流した。

ライブ会場のクラブカウンターアクション宮古《みやこ》。本番前、楽屋でみんなで一つのテーブルを囲んで話し合いがあった。

「なんで合宿のとき、みんな協力してくれなかったの？」

そう言ってアイナが泣いた。不穏な空気が流れた。スタッフさんが空気を読んで楽屋に入ってこれないくらい。合宿に参加していた2人と、その姿をニコ生で見ているしかなかった他のメンバーの間に大きな溝ができていた。

「どうすればいいか分からなかった」

リンリンも泣いた。

「ごめんなさい」

チッチも泣いた。

わたしはこの殺伐とした空気の中どうすればいいか分からなくておどおどしていた。とにかく、いつもの6人に戻りたかった。

チッチがアユニに話を振った。楽屋の中は緊張感に包まれたまま。

「アユニはどう思ってた？」

すると口を開くと同時にアユニはその重い空気に耐え切れなかったのだろうか、息ができないくらいに泣いて、その姿が面白くてみんなが笑った。それから空気が和んでわたしたちは前の6人に戻れた。彼女がいなかったら、きっと凍りついた空気のままだっただろうと思う。

アイドルになりたい女の子たち

アイドルになりたい女の子たちはどんな夢を見ているのだろう。

人前に立てば、人生が変わる、自分が変わる。そう思ってやみくもにアイドル・オーディションを受けてる女の子はたくさんいると思う。だけど、人前に立つようになっただけでは、なんにも変わらない。これはわたしが人前に立つ立場になって身をもって感じたことだ。

WACKの新メンバー募集の合宿に参加してくれたサードサマーウイカちゃんという子がいる。彼女はBiSHのライブにお客さんとして来ていて、わたしにお手紙をくれたこともある。そんな子がオーディションを受けようと思ったということは、わたしのいる場所がキラキラして見えて、楽しそうと思ったからなのかもしれない。

少なくとも彼女の目には、わたしのいる場所が特別なものに映ったのかもしれない。

わたしにとってはすごくうれしいことだったけれど、サードサマーウイカちゃんは合宿3日目で脱落してしまった。オーディションに落ちた女の子たちは夢が一つ敗れて抜け殻のようになって帰っていく。彼女たちには声を大にして言いたい。まだ何も終わってないって。

この世界に入って分かったことがある。

人はどこにいても輝ける。人生のスポットライトはいつでもあなたに当たっている。芸能人の素顔はみんなとなんら変わりない。キラキラ見せるのが仕事だからそう感じるのは当たり前。目に見えるスポットライトは当たるけど、人生を照らすものとはまったく意味が違うと思う。アイドルになったからといって自動的に自分の人生もキラキラし始めるわけではないのだ。

サードサマーちゃんにとって、これからたくさんのいいことがありますように。一緒の事務所に入ってくれたら仲間ができたみたいでうれしかったけど、わたしは一人でもこの世界で戦おうと思うよ。わたしのいる場所がキラキラしてるってこんなわたしでも思ってもらえたなら、それはとっても幸せだと思うんだ。そんな気持ちにさせてくれてありがとう。また会えたらいいなあ。

世の中生きづらいけど、
がんばらなくても楽しめるよ

「NEVERMiND TOUR RELOADED」では、スペシャルチケットを購入してくれた清掃員に、ライブ後の楽屋訪問とB・i・S・Hメンバー全員からのお手紙という特典があった。

ある会場で、リンリンが自分の書いた手紙を見せてくれた。そこには「世の中生きづらいけど、がんばらなくても楽しめるよ」という一文があり、わたしは軽いショックを受けた。B・i・S・Hの一員になってから、たくさんのできないことに囲まれて頑張ってきたつもりだ。「がんばらなくても楽しめる」は、そんな自分にとって新しい考え方だったのだ。

リンリンは、わたしから見れば十分に頑張ってるという印象はある。でも、彼女はあまり無理をしない。話したくないときは無理して話さないいし、ライブ中に靴が履き

たくないからといって裸足《はだし》でステージに立つような人だ。アイドルの常識から考えれば、話したくないときでも話すべきだし、衣装の靴は絶対に履かなければいけない。だけど、そんなリンリンの個人的な感情が許されるのが、BiSHというグループなのだ。

裸足でライブをするときは、彼女の足の甲に成り行きでどうせならと渡辺さんが英語の言葉を書くことになった。そのデザインがいつもカッコよくてライブではお客さんに注目されていたし、幕張メッセのツアーファイナルではリンリンの足の甲の写真がプリントされたTシャツも販売された。彼女が無理をして履きたくない靴を履いていたらこのTシャツは存在しなかったことになる。

衣装の靴をライブ中に履かないということは、客観的に見ればわがままだと思われるかもしれない。だけどリンリンは、頑張るかわりに他のところで楽しんでいるのだ。それが結果的にBiSHにも彼女にとってもプラスになっている。頑張らなくても楽しめるよ。うん、リンリンを見てると納得してしまう。

10代限定ライブ

下北沢《しもきたざわ》SHELTERでの10代限定ライブ。お客さんはみんな10代で高校生が特に多かった。普段の大人のファンとは雰囲気が少し違っていて、パワーがありあまりすぎてライブ中のコールもほぼ叫び声のように聞こえた。ライブ中に感情があふれて泣いてしまう女の子もいた。

高校生の自分と今の自分を重ね合わせてみた。あの頃のわたしはなんにもできないのに、なんでもできる気がしてた。学校にいるのが嫌でとにかく〝生徒〟以外の何かになりたくてたまらなかった。

〝何か〟になるのに必要なものはなんだろう。確かに頑張れば何かにはなれる。ただ、そこに至るまでの過程を続けていけるかが問題なのだと思う。

BiSHに入る前までは、なんでもかんでも途中でやめていた。楽しくなくなったら、新鮮味がなくなったら、習いごとも部活も人間関係も終了。でも、それじゃあ一時的に何かにはなれるけど、結局は長く続かないし、何かになれたとは言えないだろう。

環境の中で打ちのめされて無力な自分を思い知らされる。それでも続ける。そして、成長して変わっていこうとする姿勢があれば、本当の意味で何かになれる。

ＢｉＳＨの中でも変化が起こっている。

下北沢でのライブ後、ＢｉＳＨのみんなでゴハンを食べた。そのときの会話は、この先のＢｉＳＨをどう見せていくかという今までにはない真剣なもので、以前までのＢｉＳＨの空気とは明らかに違うものを感じた。渡辺さんに任せっきりだったＢｉＳＨを自分たちの力でどうにかできる日はくるのだろうか。

0の自分を1にする

なんにもない自分――。ミオフェス出演後の帰りの電車で、ふと考えた。明日は大学の卒業式だ。同級生より3カ月ほど遅れての卒業。なんにもない0の自分を1にしたくて頑張って勉強して入った学校。

入学後、大学名を言うだけで凄《すご》いと言ってくれる人がいたりして、それまで0だった自分は少しだけ認められたような気がした。でも卒業したら「大学生だから」とは言えなくなる。周りの同級生と同じように会社員になるわけでもない。少し怖くもあった。

B・i・S・Hで落ち込むことがあったとき、わたしには大学という居場所があるんだ――と自分の中で納得させることで、なんとか乗り切れてこれたこともある。だけど今後B・i・S・Hで劣等感まみれになったとしても、別の場所に逃げることはできない。きっと社会に出て働くって、そういうことなのかもしれないと思った。会社に就職した同級生もきっとわたしと同じなんだろう。できないことを知るために社会に出て一つひとつできるようになればいい。

わたしは今、なりたくてもなれない子がたくさんいるような仕事を奇跡的にできている。はたから見たらキラキラした世界にいるのだ。それはすごく幸せなことだから、ただグループにいるだけじゃなくて、わたしだからできることをたくさんしなくちゃいけない。見ている人が、ああいうふうになりたいって思ってもらえるようなことを。

これからは自分で切り開いて道を作っていかないとならないのだ。この先の人生、受験勉強を頑張ったときみたいに自分の力で新しい1を足していくしかない。机に向かう勉強以外の努力をしなくてはいけない。それが自分の足で立つということなんだと思う。

「Nothing.」について

ミニアルバム『GiANT KiLLERS』制作時、わたしは悩んでいた。

今までは半分素人でやってきて、B・iSHに入ってから目の前で起こるたくさんの出来事に、とにかくしがみついてきた。家に帰って泣くことはあったけど、自分が日に日に成長しているのが分かった。そう、これまでは自分のために吸収することが山のようにあったのだ。

もうすぐB・iSHに入って3年になる。ふと思った。この先、わたしがB・iSHのためにできることは何だろう？　その答えはすぐに出なかったが、他のメンバーのソロ仕事が増えてきているのがうれしい半面、自分には何ができるのか焦りを感じたりもしていた。

そんなときミニアルバムのデモが届いた。そのなかですごく好きな曲調の曲があった。デモを聴いているだけでも明るい光がさしてくる気がした。それがのちに「Nothing.」になる曲だった。

当初この曲は渡辺さんが歌詞を付けることになっていた。だけどこれは自分で歌詞を付けたかった。

幕張メッセに向けて、そして幕張メッセ後にB・i・S・Hが自分たちの足で立つために

歌詞を書くことが今の自分にしかできないことであり、B・iSHのためになることだと思った。自分がB・iSHに爪痕《つめあと》を一つ残せるように、下手な歌詞だと思われてもいい、お客さんに本当の気持ちがそのまま伝わるように、わたしは夢中で歌詞を書いた。幕張メッセでB・iSHが終わらないように。

渡辺さんに頼まれてもいない歌詞を送るのは初めてだった。傲慢《ごうまん》だと思われないだろうか、こんなことをして採用されなかったらすごくカッコ悪いし、横浜《よこはま》アリーナで解散したB・iSの「FiNAL DANCE」の歌詞を引用していることを渡辺さんはどう思うのだろう。

不安に押しつぶされそうになりながら、渡辺さんへメールを送る手は震えていた。それでも勇気を出してメールを送信した。わたしはこの歌詞を提出することで自分の存在を証明したかった。「わたしはB・iSHの一員です」。そう言いたかったのだ。そんなの当たり前じゃないか、そう思うかもしれないが幕張メッセという大舞台を目の前にした当時のわたしは、こうでもしないと自分の存在意義を見出《みいだ》せなかったのである。

メールの返信はすぐ来て、渡辺さんは歌詞を誉めてくれた。涙が出るほどうれしかった。

本当の裏側

幕張メッセでのライブを控え、深夜の練習が連日続いていた。

今日は3日目だった。夜中の0時にスタジオに集まって始発で帰る。この繰り返しは、わたしが想像する以上に身体にダメージを与えているようで、起きてるのか寝てるのかよく分からない状態で仕事中もふらふらしていた。

ミニアルバムの発売とも重なって、アイナが新曲の振りをみんなに落としてくれた。幕張のライブに向けてのプレッシャーもあり、わたしは毎日息が詰まりそうだった。

練習の途中、みんなでライブ映像を見て、それぞれが気になった点を良いことも悪いことも言い合うような時間があった。深夜のレッスン3日目ということもあって、身体だけではなく、わたしは心がとても弱っていた。

真夜中のスタジオ。

「モモコのここ、リズム合ってないよ」

メンバーからダンスについてちょっとした指摘を受けただけなのに、その場から消えていなくなりたかった。

ああ、やっぱり自分はBiSHには必要ないんだ。幕張メッセになんてやっぱり立てない。わたしじゃなくてダンスや歌のうまい子が代わりにいればよかったのに……。

そんなふうにネガティヴに考えてしまう自分がいて、練習中にもかかわらず涙が一筋あふれた。わたしはまた逃げたくなっていた。

みんな疲れていて大変なのは一緒だと分かっているのに。リンリンは学校との両立も大変そうで、みんなと話していて今にも寝てしまいそうだったし、他のみんなも元気がなかった。

練習が終わった後、弱った身体と心でクタクタになった私は、朝5時の駅のホームで始発を待っている人々に混じって、訳もわからず涙があふれた。自分が情けなくて、できることなら別の人間になれたらいいのになんて思った。

ステージの本当の裏側はきっと楽屋じゃなくてここなんだ。ここからはい上がってこそ、ステージに立つ資格があるんだ。そう思って自分を励ました。

幕張メッセと卒論

ここ一年くらいB・iSH漬けの日々を送ってる。寝ても覚めてもB・iSHだ。そしてわたしはずーっとモモコグミカンパニーでいる。最近、モモコグミカンパニーじゃない自分、つまり本当の自分が消えてしまっているようで少しさみしいと思うようになった。本当の自分が薄くなっていってモモコグミカンパニーが濃くなっていく。そんな感覚だ。それは、今わたしの周りにいる人たちがモモコグミカンパニーの自分しか知らないからかもしれない。

B・iSHの仕事が増えれば増えるほど昔からの友人や家族と会う機会は減っていく。

〃モモコグミカンパニー〃も〃わたし〃も一人の人間だし、どちらも一緒じゃないかと言う人もいるかもしれないが、自分ではやっぱり別物だと思う。〃わたし〃であるときは知らない人に笑顔で接したりしない。モモコグミカンパニーでいる間は、目の前の人がわたしのことを知っていることが前提だ。仕事ではいつも、人々はB・i・S・Hのモモコグミカンパニーに会いに来る。ライブや特典会でわたしが仮にその日不機嫌だったとしても、モモコグミカンパニーをお客さんの前で不機嫌にはできない。

モモコグミカンパニーである時間が増え続けて、本当のわたしはいつの間にか消えてしまうのだろうか。いや、モモコグミカンパニーっていう本当の自分が増えた。そんなふうに考えることもできた。モモコグミカンパニーに起こった出来事は、〝わたし〟の人生の時間の中で起きたことだから、どちらも本当の自分。本当の自分が増えたんだ。

だけど今日はモモコグミカンパニーとわたし、両方にとって重要な出来事が一つしかない頭の中でごちゃごちゃになっていた。

〝幕張メッセ〟と〝卒業論文〟。

幕張メッセまでは1カ月を切り、大学の卒業論文もラストスパートをかける時期だ。もちろん両方大切なことで中途半端にはできない。幕張に向けてみんなで練習しているし、卒業論文もある程度書いている。それなのに、どちらもまだ高くて先が見えない壁のようにわたしの前に立ちはだかっていた。そしてどちらも最後までやり遂げられる自信がなく、不安ばかり募った。自分の身体が二つあったらいいのにと本気で考

ALCOHOL

えた。一人は卒論を書き上げて、一人はダンスや歌の練習。でもそんなことを考えていても時間は過ぎていくだけだ。

そんなとき、母に会ってお昼ごはんを食べる機会があった。母に会い、いざお昼を食べようとすると、わたしは知らないうちに泣きじゃくっていた。泣きじゃくるという表現がぴったりだった。

夜に考えすぎて涙が出るというのはよくあることかもしれないが、昼間から泣くのはわたしにとっては珍しかった。感情が表に出にくい人間だから、緊張の糸が切れたとき不意に号泣してしまうことがある。

幕張メッセを怖がっているモモコグミカンパニーとして泣いているのか、卒論に苦しむわたしが泣いているのかもう分からなくなっていた。泣かずに手を動かしてダンスの練習をしたり、論文を進めたりすればいい。目の前のことを淡々と進める方が頭がいい。そう分かっているのに、涙が止まらなかった。

アイナの振り付け

「B・iSHはB・iSHです」。最近、よくインタビューで出てくる言葉だ。B・iSHにはこうあってほしいという理想もこめられているのだけど、わたしはB・iSHにはとにかく自由であってほしいと思っている。

世間にはアイドルのイメージというものがある。太っていたら失格とか、いつでも笑顔でいないといけないとか。B・iSHは、そういうことを一つひとつ壊していけたらいいなと思う。世間に見られる存在だからこそ、わたしたちが自由にそのままの姿でB・iSHにいれば見ている人の中に救われる人はたくさんいるのではないだろうか。

アイナがB・iSHの楽曲に付けてくれる振りはメンバー個々の〝らしさ〟を大切にしてくれるから好きだ。無理して似合わせようとするような、難しい振り付けは絶対にやらない。例えばわたしはダンスが苦手で、体も小さいし目立たないのだが、そんな自分をよく見せてくれるダンスをアイナは考えてくれる。「ここは好きなことをしていいよ」と言って、自分で振りを考えさせてくれることもあるし、歌詞を書いたメンバーにはどういう気持ちで書いたのか聞いてくれて、その意見を尊重してくれることもある。

メンバーの体の得意な動きや苦手な動きを分かってくれているから、例えばアユニは腕が長いからこういう動きがカッコいいとか、新しい振りをやってみて合わなかったらすぐ違う振りにその場で変えてくれる。アイナの振り付けはメンバーのことを理解してくれているからこそ付けられるもので、〝B・iSHらしさ〟を作っている理由の一つだと思う。

わたしがB・iSHを続けてこれたのはアイナの振り付けのおかげでもある。歌割が少ないわたしのために、曲の前奏で最前列のセンターに立ち位置を作ってくれた。ダンスが上手じゃなくても、歌割が少なくても、今はそのままでB・iSHにいていいんだよと言われてる気持ちになった。もちろんダンスはうまい方がいいし、歌も歌えた方がいい。練習をしなくてもいい、ということではなくて、アイナが考えてくれる振り付けは、ステージの上でできるだけ等身大の自分でいられる振り付けなのだ。

BiSHはアイドル⁉

わたしが〝アイドル〟と聞いてまず思い浮かぶのは〝からっぽ〟という言葉だ。アイドルはきっとからっぽの方がいい。アイドルというのは、プロデューサーの意向、楽曲、衣装から作られたイメージ、そんな裏の大人たちによって作られていて、その人たちが考えた何らかのメッセージのようなものを具現化する手段だと思うからだ。

だから、今活動しているアイドルの代わりとなる女の子はいくらでもいる。ここでいう〝からっぽ〟というのは、着せ替え人形みたいにかわいい衣装を着てニコニコ笑えと言われたら、たとえそのときに最悪な気分であってもそれを表に出さず、何も考えずに笑えて、何ひとつ反抗しないような人、反抗しようとも思わない自己主張しない女の子のこと。

わたしはからっぽなのが悪いとか良いとか、そういうことを言いたいわけではない。

ALL YOU NEED is PUNK and LO

人に常に見られる立場であるアイドルは目に見えるものではないが、みんな人知れずたくさんの努力をしてきているのだ。オーディションで「将来どんなアイドルになりたい？」と聞かれたら、「歌って踊ってみんなを笑顔にしたい」と答える子が多い。そう、みんなのことを笑顔にできればいい。だから暗い顔は見せずにいつもニコニコ笑っていればいい。これがアイドルの仕事だと思うし、いつでもニコニコしているのは簡単なことではない大変な仕事だ。

アイドルが本当のところどんな意見をもっているのか、果たして今どんな気持ちでステージに立っているのか、そんなことには誰も興味がないだろう。そういう意味でBiSHは純粋なアイドルにはなれていない。歌詞を自分たちで書いたり、好きな髪形にしたり、振り付けをメンバーの好きなようにしたりできる。BiSHは何かと自由だ。BiSHはアイドルなのか、そうじゃないのか、と聞かれたらアイドルではない、とわたしは言いたい。

背中を見せ続けるということ

　幕張メッセの記憶が色あせないまま、夏になった。

　この日、わたしは赤坂《あかさか》BLITZのステージ袖《そで》にいた。本来はB・iSのツアーファイナルが予定されていたのだが、ペリ・ウブちゃんが体調不良で出演が急遽《きゅうきょ》キャンセルとなりB・iSのツアーファイナルは延期になり、今日はその代役として同じ事務所のB・iSHとGANG PARADEがライブを行うことになったのだ。

　わたしたちの出番の前はGANG PARADEだった。一人で袖から彼女たちのライブを観ているうちに、なぜだか泣きたくなった。

　GANG PARADEもB・iSもわたしよりダンスや歌ができる子ばかりだ。それにすごく努力しているのだろう。B・iSHを追い越そうとしているはずだ。わたしが幕張メッセに立てたのは、いま彼女たちに追いかけられているのは、何度も言うよ

うにB.iSHにいるからだ。歌えて踊れるのは当たり前。幕張メッセを終え、わたしたちは当日会場に来てくれたお客さんを裏切らないためにも、GANG PARADEやB.iSに背中を見せ続けるためにもそれ以上のことを当たり前のようにできなきゃいけない。

自分の嫌いなところの一つに、傷つきやすいところがある。何気ない一言にダメージを食らい、眠れない夜もあるのだ。どうやら人より感傷的になってしまうらしい。歌やダンスでは彼女たちに勝てないかもしれないけど、心を使うことは自分の武器にできるかもしれない。そんなことを考えているうちに、GANG PARADEのライブは終わった。次はB.iSHの出番だ。

ライブが終わった後、わたしたちの楽屋にライブ制作の佐藤《さとう》さんが今にも泣き出しそうな顔で入って来た。ライブ中、わたしたちB.iSH6人の一体感がまったく見れなかったという。

「正直やる気あるの？　幕張に立った人たちとは思えなかったよ」

「どうしてアイナが声出ないの知ってるのに誰も助けなかったの？〝星が瞬く夜に〟のサビはみんなも歌えたでしょ？」

アイナはずっと下を向いていた。

「ギャンパレが今どうしてライブ終わって楽屋で騒いでるか分かる？」

佐藤さんが聞いてきた。

「ライブがよかったからだよ。ＢiＳＨよりいいライブだったから」

悔しいと思った。

そういえば、今日のライブ前のＢiＳＨの楽屋はなんだか浮かれていたような気がする。みんなが自分の好きなことをやって好きなことを話して、楽屋の中でも一つにはなれていなかった。なんとなく地に足が着いていない感じだ。アイナのことを気遣えなかったのもそのせいだろう。そんな今日のわたしたちの雰囲気がライブでもそのまま出てしまったのかもしれないと思った。背中を見せ続けるのも追いかけるのと同じくらい大変なことだ。

今のわたしたちには何かが足りないのかもしれない。でも、それはまだまだ成長できるという証《あかし》でもある。

できないからやらないのはダサイ

「DEADMAN」という曲がある。BiSHのメジャーデビュー曲で一曲が99秒で終わる短さ。ライブでは定番曲になっている。

本来はサビ前までアイナが一人シャウトをする構成になっているが、ライブではアイナの負担を考えてシャウトの一部分を他のメンバーで補うことになった。ライブを重ねていくうちに他のメンバーによるシャウトも定着化していった。曲中の〝カミソリなんていらない〜壁があるなら壊したい〟という部分は、アイナ抜きでわたしとリンリンが2人で担当することになり、何度もライブで披露してきた。

しかし、ライブ音源が被《かぶ》せなしの生歌になってから、2人の部分でリズムがずれてしまい、そこから次のチッチとハシヤスメのパートもずれてしまうことに気づいた。楽屋でどうしたらその部分をカバーできるのかという話になった。

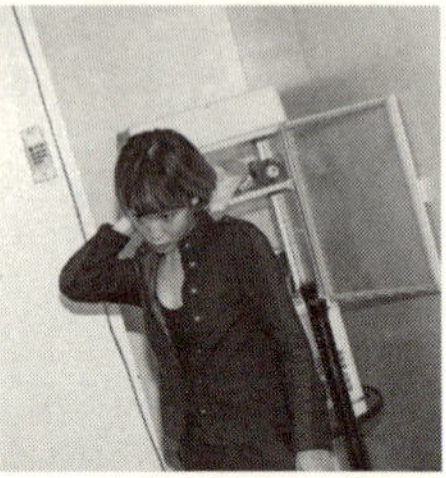

リンリンが言った。

「わたしにはできないから、ここはやめておく」

リンリンとしては何度か改善しようとしたものの、やっぱりリズムが合わないから、それなら他の人がやった方がいいという意見だった。だけどアイナはこう言った。

「できないからやらないなんてダサイ。リンリンってそんな人だったっけ？」

楽屋に重い沈黙の時間が流れた。アイナとリンリンは仲良しでお互いをよく知っているから、意見が対立するのは珍しいことだ。みんなで話し合って結局リンリンはシャウトから外れることになった。ということは、このままではわたしが一人でシャウトを担当することになる。アイナとリンリン、どっちの意見が正しいのかは分からない。だけど、わたしにはアイナの言葉が刺さった。

「できないからやらないのはダサイ」

わたしも正直リズムを正しく合わせる自信はない。シャウトもリンリンと一緒だから安心してできた。だけど、本人がやらないと言っているのに、リンリンに無理やりやってもらうのは違う気がした。

B·iSHに入って「自分にはできない」と思うことしかやってこなかった。だけど自分は今もB·iSHにいる。できないからやらない、という選択肢は今まで選んでこなかった。ここでわたしも「やらない」というのは、自分を否定することにならないだろうか。もしかしたら、リンリンに頼ってた部分を一人でやるということは、また一つ成長できるチャンスなのかもしれない。

CHAPTER 5

LiFESTYLES OF THE BiSH & FAMOUS

カラフル

　BiSHに入ってから、一人で生きていたら見られない景色を見続けている。それはとてもカラフルでときに眩《まぶ》しいくらいだ。

「何をするかよりも、誰とするかの方が重要だ」。こんな言葉を耳にしたことがある。最初にこの言葉を聞いたときは、「そんなことない。自分がどんな仕事を選ぶかの方が重要だ。周りの人は関係ない」。そんなふうに思っていた。

だけどBiSHに入ってからは、どんな人と関わって生きていくかが自分の人生にどれだけの影響を与えるのか、身をもって実感している。

　BiSHのメンバーが一人でも違う人だったら今までとは別のグループになっていただろう。たとえ同じ楽曲を歌っていたとしてもだ。昔も今もBiSHというグループは、別々の道を歩んできた女の子たちがあるとき偶然交差点ですれ違う――そんな

瞬間を捉《とら》えたような集まりなのである。

よく母がテレビ番組に出ているアイドル・グループを見て、「みんな同じような顔してるね。誰が誰だか分からない」と言っていた。わたしもそうだと思った。顔がまるっきり一緒というわけではないのに、みんな似たように見える。これはきっとそのアイドル・グループに一貫したコンセプトがあるからだと思う。清純派のグループに金髪の子はいない。それに比べB・i・S・Hのメンバーはとことん見た目や趣味が被《かぶ》らない。それぞれが異なる強めの色をもっている。一人ひとりがまったく違う人生を歩んできたからだろう。考えてきたこと、関わってきた人、その全てが一人ひとりに影響して、今たまたま一緒のグループとして活動しているのだ。

わたしの中で一つしかなかったモノクロの世界は一気に色鮮やかに変わった。大学に行って就職活動をするのが当たり前。そんな〝普通〟を変えてくれたのがB・i・S・Hだった。窮屈な檻《おり》の中から飛び出したような気持ちになった。

B・i・S・Hのメンバーに出会ってから、わたしの世界の常識は一つひとつ確実に壊されていった。

BiSHらしさの作られ方

バンドとアイドルの違いはなんだろう。バンドは自分たちの世界観を持ち、その中で表現をしている。メンバーの雰囲気や人柄も魅力の一つで、彼らの思考や感情が音楽になる。外側に発信しているけど、内側の人間がどんなことを発信するかがとっても大切で、それがバンドの方向性を左右する。それが、わたしがバンドに持つイメージだ。

アイドルの場合はちょっと違う。本当に言いたいことが、そのまま音楽になるとは限らない。メンバーの感情が音楽になるのではなく、裏の大人の意向を具現化する手段としてアイドルが使われていて、アイドル本人の生身の感情が音楽に反映されることはない。アイドルがどういう人間なのかはさほど問題ではなく、そのアイドルの見せ方によって、受け手がどう捉えるかの方が重要なのだ。

こう考えると、B・iSHはバンドとアイドル、2つの要素が混じってる。作詞と振り付けは自分たちでやる。ライブでのパフォーマンス含めメンバーの動き方は自由。細かくああしなさい、こうしなさい、というのがB・iSHにはない。ツイートの内容、キャラクター、ヘアメイク、あらゆることが放任されている。でも、グループの見せ方は大人次第。例えば、音楽の方向性、アー写、ロゴのデザイン、衣装など、プロデュースされている部分は大人が作る要素だ。

完全なるバンドでもなく、完全なるアイドルでもない。そのどちらか一方に決める必要もない。B・iSHらしさというものは、そのグレーゾーンの部分にあるからだ。

JAM

『THE GUERRiLLA BiSH』のアルバム制作が始まった。「この5曲から一人最低3曲は作詞してください」というような作詞依頼とともに音源が各メンバーに届く。わたしは送られてきたものには全部歌詞を付けて渡辺さんに送った。意地でも今回のアルバムに自分の作詞曲が欲しかったからだ。でも最初に送られてきた5曲の歌詞は全て他のメンバーのもので、自分の歌詞は一つも採用されなかった。

そんなことで落ち込んでいる暇もなく、歌詞が決まった曲からどんどんレコーディングは進み始めた。レコーディング・スタジオに来ていた渡辺さんに「今回の歌詞、どうしたの？　もっと頑張れ」と言われた。正直、自分の歌詞が良いか悪いかなんて分からない。歌詞を選ぶ渡辺さんが採用したものが、きっと一番いいのだ。わたしは、採用されたいという気持ちが先走ってしまい、少し力が入ってしまったのかもしれないと思った。

B・iSHで自分の取りえは作詞だと思っていた。エリザベス宮地《みやじ》監督が撮ったB・iSHのセルフドキュメンタリー映画『ALL YOU NEED iS PUNK and LOVE』の中でわたしは「今のわたしがB・iSHにいられるのは作詞をさせてもらっているからです」と語っている。とりわけ歌詞に自信があるというわけでもないが、握手会やSNSでわたしが誉められるのは大抵歌詞のことだったし、自分は何より歌詞を書くのが楽しかった。けれど、何か一つのことで評価されているということは逆にその取りえがなくなれば、自分は何も求められていないような気がするのだ。例えばダンスが上手《うま》いと言われたら、ダンスを踊れなくなったら終わりなのか？

わたしは今回のアルバムで歌詞が一つも採用されないと考えるだけで足がすくむ思いだった。どんな顔でB・iSHにいればいいのだろう。泣きたかった。そんな気持ちのときに送られてきた新しい音源の中の一つが、のちの「JAM」だった。今までのB・iSHにはなかった、ゆったりとしているけどリズミカルな曲調で体にすっと染み込んでくるようだった。採用されたいとかそういう気持ちより、この曲が好きだから素直に書きたいと思えて肩の力を抜いて書くことができた。意地を張るより、力を抜いて自分の気持ちに正直になった方がうまくいくとわたしはこの曲に教えてもらった。

高橋久美子さん

今日は「JAM」のMV撮影だった。今回のビデオはメンバーそれぞれが会いたい人に会いに行くという趣旨になっていて、わたしはチャットモンチーの元ドラムで現在は作詞など幅広く活動している高橋久美子《たかはしくみこ》さんに会いに行くことになった。

撮影では高橋さんの目の前で自分の書いた手紙を読んだ。緊張の中の撮影だったけど、緊張よりも高橋さんの目の前に自分がいられることや、自分の言葉で書いた手紙の内容を聞いてもらえてることが夢のようですごくうれしかった。

わたしはチャットモンチーを高校生からずっと聴いていて、特に高橋さんの作詞の曲が本当に大好きで、自分で歌詞を書きたいと思ったのも高橋さんの影響があると思う。チャットモンチーに出会えて人生本当によかったと思っている。そんな憧《あこが》れの人に会えたのだ。

高橋さんはとっても笑顔が素敵で大人の落ち着きがあった。それでいて、目が少女のようにキラキラしていたのが印象に残っている。高橋さんは撮影後、近くのカフェでお茶をしようと言ってくださり、宮地監督やスタッフさん含め一緒にカフェに行くことになった。1時間程度だったけど、作詞に関することから、たわいもない話までするこができた。高橋さんにとってチャットモンチーはどんな存在かと聞くと、「青春であり、チャットモンチーを経たからこそ今の自分がいる」とおっしゃっていた。

カフェでお話しした後、高橋さんは別れぎわ何度も振り返って手を振ってくれて、その姿がとてもかわいらしく、またお会いできたらいいなあと思った。

歌うってどういうことか分かった気がした

ラジオ番組『SCHOOL OF LOCK』に生出演した。この日は『THE GUERRiLLA BiSH』のリリース日で、朝からテレビ番組『スッキリ』に生出演したり、六本木でフリーライブをしたりでずっと忙しかった。そんななかでの『SCHOOL OF LOCK』の出演だった。この日はトークだけでなく、ラジオ局内のスタジオで歌って踊るライブをすることになっていた。

さまざまな悩みを抱えたリスナーの学生から電話がかかってきた。1人目の女の子は、理由は分からないけど教室に入れなくなってしまい、学校の保健室にいつも登校している、でも自分ではこんなんじゃダメだと思っていて変わりたい……という内容だった。この悩みに対し、一緒に出演していたチッチとアイナたちは一歩踏み出せば変われるから、勇気を出してみて、という内容の言葉をかけていた。確かに一歩踏み出せなければ何も変わらない。それはとても大切なことだと思う。

だけど、わたしは少し違う気がしていた。

この女の子はもう十分頑張っていると思った。教室に入れなくても学校には行っている。それだけで勇気を出していると思ったし、この子は自分のことをダメだなんて思わなくていい。「君は十分頑張っているから、教室に入れなくても自分のことをダメだなんて思わなくていいんだよ」。わたしはそう伝えたかった。だけど、生放送で時間が足りず話をする機会がなくて、そのことを伝えられないまま生ライブの時間になった。

披露した曲は「My landscape」と「プロミスザスター」だ。自分の伝えたいことを言葉で言えなかったぶん、自分の歌パートで電話越しの女の子に伝えればいいと思った。歌うことって上手とか下手とかじゃない。聴いてる人に伝わるかどうかなのだろう。歌うっていうことが少し分かった気がした。

苦手なことで世界を広げる

仕事となれば、得意なことや好きなことばかりではない。苦手なこともたくさんある。

過去に3回開催しているV系バンドとのツーマンライブ企画「IDOL VS VISUAL」。

正直、わたしは激しいヘドバンが不得意だし、V系バンドのことも詳しくない。最初にこのイベントの話を聞いたとき、苦手だらけで逃げたくなった。だけど、苦手なことほど自分の世界を広げるチャンスだ。よし、V系の音楽を好きになってみよう。V系バンドのファンはたくさんいる。その魅力を知らないのは、わたしが分かってないだけだ。カッコよさの本質を知らなければ、カッコいいことはできない。

YouTubeでバンドの映像をチェックして、V系について勉強した。調べていくう

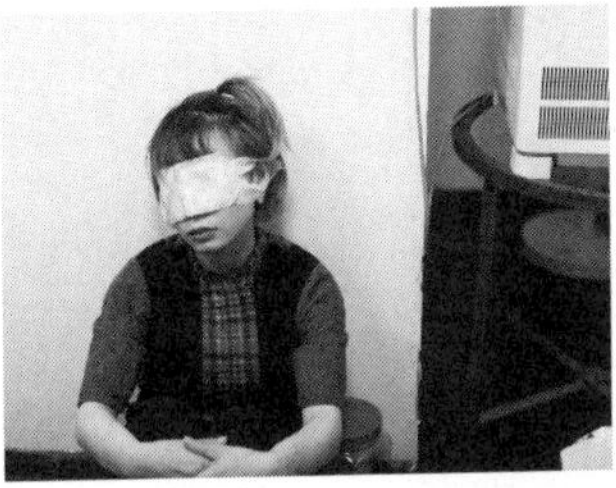

ちに、あることに気づいた。そのヴィジュアルとサウンドは、彼らが内に秘めた熱い思いを具現化したものなんじゃないかということだ。聴いていると気分がスッキリしてきて、好きな曲も何曲かできた。自分でもそういう曲をやってみたいと思うようになった。

気づけば、毎回「IDOL VS VISUAL」が楽しみになった。次回の対バンは誰だろう?

無意識のうちに自分で壁を作ってしまうことは多いけど、仕事をする上では苦手なことも受け入れる努力をする。表現者にとって、それはすごく大切なことなのかもしれない。

Mステ前日

11月最後の日。朝から新曲のレコーディングをして、タワーレコード新宿でのリリース・イベントが終わった。アイナとチッチは喉《のど》がすごくつらそうだ。それもそのはず。ここ最近毎日のようにライブやレコーディングで喉を酷使している。

今日のリリース・イベントも2人の歌割りが比較的少なめの「VOMiT SONG」と新曲「Here's looking at you, kid.」をパフォーマンスすることになった。明日から12月。12月1日は『ミュージックステーション』だ。Mステが決まったときは11月の半ばで、そのときは12月1日なんてすごく先のことだと思っていたけど、毎日忙しくしていたらいつの間にか11月も終わりだ。握手会で「昨日はお疲れさま」と言われても「あれ? 昨日わたし何してたっけ?」と頑張っても思い出せないくらい、寝ても覚めても仕事で忙しい毎日だった。スタッフさんもメンバーもみんな大変なのは一緒だ。

そんな状況でのMステ。緊張する暇もなかった。

　そもそも、Mステに自分が出れるなんて思ってもいなかった。クソアイドルだったわたしたちは何度も形を変えてきて、明日Mステに出る。別の世界だと思っていた場所に一歩足を踏み込むことになる。そして、このことはまた形を変えるきっかけになるかもしれない。BiSHを知ってくれているたくさんの人たちに囲まれて日々仕事をしていると、なんだか世界がみんなBiSHを知ってくれているような錯覚に陥ってしまいそうだ。だけど、テレビを見ている人の中でわたしたちのことを知ってる人なんてごくわずかだ。周りの大人が用意してくれたこのチャンスをどうやって次につなげるのか、それはわたしたち次第なのだ。豪華な出演者の中で、わたしたちに何人の視聴者が目を合わせてくれるだろうか。

BONUS TRACK 1

関係者インタビュー

構ってほしくないけど、構ってほしい

渡辺淳之介（WACK）

JUNNOSUKE WATANABE

僕が知る限り、モモコは人の悪口を言わないんです。女の子って、そこまで嫌ってないくせに「あいつ嫌い」って簡単に言う子も多いのに、彼女はそういうことを人前で一切話さない。前からモモコの面白いところの一つだと思ってたんですけど、吐き出す場がなくて実は大変なんじゃないかなとは気になっていました。悪口を言わないのもそうですし、本人の普段の雰囲気もどこか客観的というか飄々《ひょうひょう》としている。それが本当に自然体のものなのか、意図的に作ったものなのかが、この本を読んで分かると思ったんですけど、以前より謎が深まった感じです。

BiSHのオーディションには800から1000人くらいの応募が来て、そのなかから100人くらい面接しました。でも「いいな」って思える子がなかなかいなかった。

僕のオーディションって、わざと僕のことを見下せるような雰囲気にするんです。怖いと思われてしまうと、その子の素が出てこないので、あえてヘンなことを言ったりして緊張させないようにする。そうやって短い面接時間で相手の素をなんとか見ようとするんですが、モモコは終始一貫して変わらなかった。それこそ他人の悪口を言わなさそうで雰囲気も独特だったから、一緒にやったら楽しいかなと思ったんです。

本人にもこの話はした気がするんですけど、「君、バイト続かないでしょ?」って言ったとき、「あまりうまくいかなくて『辞めてくれ』と言われて辞めたバイトが一つあります」と答えたんですよ。そのときに、彼女の中には彼女の世界があって、その世界で理解できないことは一生理解できないんだろうなぁと思いました。果たして社会に出てうまくやっていけるのかどうか、心配になりましたね。

僕も同じだからよく分かるんです。音楽とか自分の好きなこと以外は何もできない。大学の同期は銀行、貿易会社、海運会社みたいなお堅い企業に就職しましたけど、自分的には「俺だったら絶対にその仕事はできないし、そういう会社で働く人とは合わない」と思っていたので。つまり自分の興味がないことには、ほとんど興味が湧かないんですよ。モモコもそういうタイプの子かなと思ったので、上から目線な言い方ですけど「拾わないとヤバいんじゃないかな」と。これが他の事務所のオーディションだったらモモコは受からないと思いますし、逆に言えばパッと見た感じでは普通の女の子だってことです。

ただ、今のB・iSHを取り巻く状況は本人たちが素人だったからこそ成し遂げたことだと思っているので、そういう意味ではこのままモモコがすごくプロっぽくなってしまったらどうなるんだろうという興味はあります。デビューしてから、本当にみるみるかわいくなっていったし、なんだかんだ興味なさそうに見えて、もしかしたら人に見られることをB・iSHの中で一番意識しているかもしれない。そういう意味では、あまのじゃくな奴だなと思います。

本の中でモモコがB・iSHをやめようとした話が出てきますけど、当時は単純に空気が悪かっただけだと僕は思うんです。空気が良くないのに、とりあえず体裁だけは整えなきゃいけないから、なんとかしようと必死な気持ちがありつつ、でもツアー(「BiSH Less than SEX TOUR」)が始まってしまって……ということなのかなと。アユニが加入した後、現場の雰囲気が和らいだことが、いろいろとプラスに作用したのかもしれないです。

自信がないのは「自信がある」の裏返しだと思うんです。たぶん、モモコ自身はどっちもある気がします。自信がなければ、こうやって本を出そうとは思わないはずだから。好きすぎて自信がないのと、好きすぎて自信があるのと、そのパラドックスがあるんじゃないかな。「自信を持ってやってます」と言うと、何か言われたときに傷つくから、そういう部分はあまり表に出さないのかなと思います。

僕の考え方はシンプルで、ダメでもいいんですけど、その〝ダメ〟を克服するための努力はしなくちゃいけない。それだけです。B・iSHに限らずオーディションでは僕が全員選ぶので、僕が選んだ子に関しては、本気でやらない子はいらないけど、本気でやるんだったらダメなものがあったっていい。ダメなところがあっても、「それだったら逆にこうしたらいいんじゃないか」っていうスタンスです。

モモコの場合は最初の頃、「熱があるので休みます」「今日は体調が悪いから休みます」みたいなことがあったので、そういうときには怒りましたよ。「いやいや、学校じゃねえんだから」って。彼女の場合はそれまで「ちゃんとしなきゃいけない」っていう意識を持ったことが、あまりないのかなと感じました。遊びの延長線上というか、B・iSHの活動にもどこかそういう感覚があったのかもしれない。良くも悪くも適当な人間だった気がするんですけど、自分が本当にやりたいことと向き合ったときに、人間としてちょっと成長できたんだと思います。

作詞では、すごく独特のセンスを持ってます。「デパーチャーズ」の〝たかが運命なんてもんは／変えてゆける気がするんだ〟という歌詞の「たかが」の部分とか、僕だったら出てこなかった言葉です。

モモコの歌詞に関しては、けっこう厳しく見るようにしてます。できる限り僕の方で直したくないなと思ってるのが彼女の歌詞だったりするから、『THE GUERRiLLA BiSH』の「SHARR」の譜割りも自分でやらせました。普段の作詞だと、譜割りに合うように僕が言い回しを変えたりして直すんですけど、「お前はもうそのレベルじゃないだろ」と。結局、ヒーヒー言いながら頑張って仕上げてくれました。

BiSHは自由なのかって話ですけど、僕がこだわらないところは自由なんです。例えば振り付けもその一つで、一般的には振り付け師さんに頼むのが主流なんですが、僕は振り付け師さんの振りがあまり好きじゃなくて。ダンサーって魅せる仕事じゃないですか。だから一般の人が踊れない見栄えだけがいいダンスになることが多いんです。それってテレビ向きなんですよね。でも、BiSHはライブでお客さんをノセるのが仕事。だから本人たちに考えさせた方が、お客さんに合わせやすいものができる。ただ、サビの部分はずっと手が上がってないといけないというルールがあって、特に最初の1年くらいは厳しく見てました。演者が手を上げるとお客さんも自然と手を上げる習性があって、そうすると外から見たときに盛り上がっているように感じられるし、当事者の方も気持ちが盛り上がるんです。

そうやって筋だけはこっちで決めつつ、枝葉はかなり好きにさせてます。でも、自由っていうのは実は不自由なことでもあって、本当に責任のあることだから、本人たちが適当にやるようなら取り上げてしまうときもある。真剣にやっているかどうかですね。だから、自由が奪われる子もいるし、奔放にやれている子もいる。裁量は個人によって違います。

モモコと僕は似ているなと勝手に思ってるんです。たまにぜんぜん違うことを考えていて、トンチンカンなことを言ったりするところとか。例えば、真剣な話をしているときに虫が飛んできて、「あ、虫!」って意識がそっちに行ってしまう。すると「どういうコースで飛んで行くんだろう?」みたいなことが気になってしまって、人の話をあまり聞いてなかったり……。でも、自分が集中して喋《しゃべ》ってるときは皆に聞いてもらいたい。

構ってほしくないけど、構ってほしい。好きになってほしくないけど、好きになってほしい。放っといてほしいときは放っといてほしい。とにかく矛盾していて、ただのワガママなんですが、そういう部分は共通しているのかもしれないです。

3年前、彼女はBiSの下駄を履いた状態で実質デビューして、一発目から数百人の前でライブができたわけですが、それ故の重圧があったと思うんです。彼女自身、BiSのことを好きになったはいいものの、お客さんが自分のことではなく昔のBiSを追い求めて来ているということが分かったり、そういう葛藤《かっとう》を一つずつ乗り越えてきた。野音が終わった後、全身にじんましんができて大変だったんですけど、そういう経験を経てステップアップしてきたと思います。

3年前は本当に自信がない様子だったのに、今は自信が出てきたなと感じるし、2週間に一回くらいの頻度で美容院に行く際、前は報告してくれなかったんですけど、今は毎回きちんと確認してくれるようになったので、いろんな面で大人になったんじゃないでしょうか。

（聞き手・上野拓朗）

MOMOKO GUMi COMPANY'S MOTHER

モモコグミカンパニー母

よくこの子を見つけてくれたという感謝の気持ちしかない

本を読んでみて、こんなことを考えながらBiSHの活動に取り組んでいたんだなと思いました。涙がこぼれそうになる文章がたくさんあって、ああ、私は何も心配することなかったんだなって。常に心配だったんです。この子は自分から進んでBiSHの話をすることはなくて、よくお昼に「一緒に食べよう」って2人で会うんですけど、私からBiSHのことを聞くことはありません。この子が話し始めるのを待ってから聞いてあげる感じなので。

でも、この本でいろんなことが分かって、BiSHの他のメンバーさんについて書いてある部分には感動しましたし、卒論の話もあらためて思い出しました。同級生が先に卒業してしまってどうしたらいいのか分からず、B・iSHでは幕張のコンサートを控えている状態で、私の前でワンワン泣いたことがあったんです。それでも卒論を終えて、無事に卒業できたので良かったと思います。

家の中でもB・iSHの話はほとんどしないです。一度、すごく気になったことがあって聞いてみたことがあるんですけど、そしたら「外ですごく注意されて怒られているのに、家に帰ってきてまた何か言われるのは嫌だ」って。それはそうだなと。申し訳ないことをしたと思って、それからは私から言うのをやめました。

私は、この子とは一心同体みたいなところがあって、彼女が落ち込んでると本当に落ち込むし、楽しくやってると楽しいし、っていう感じなんです。泣きながら帰ってくることも多くて、そういう姿しか見てないんじゃないかっていうくらい。そんなにつらいんだったら、やめてもいいんだよと伝えたことはあります。ただ、私はやめてほしくなかったですし、それは絶対にないだろうなという確信もあったので。

家でもよく練習してました。「ちょっともう、どいて!」って、リビングで振り付けの練習を始めたりするから、私の居場所がなくなるんです。で、寝室で練習が終わるまでじっと待っていたり。力になれることは何でもしてあげようって思ってました。

本は子どもの頃からよく読んでました。主人が本好きなので、家にはたくさんの本がありましたし、その影響もあったと思うんですけど、この子は日記がとにかく面白かったんですよ。小学生のときに短編の物語を書いて、先生が「よくできてますね」って褒めてくれたり。私たちが読んでも思わず笑ってしまう、「ママにすごく怒られた、でもそのママの顔を見たら鼻くそがついていた」とか、そんな感じの文章をよく書いてました。

毎週のように親子で一緒に映画を観に行って、『アニー』のようなミュージカルを観に行くこともありました。朝一番に映画館に行き、その後にゲームセンターで遊んで帰って来る、みたいな。映画が好きなのは一人で観ていれば誰とも話さないでいられるという理由もあるみたいで、大人になって一緒に映画館に行くと、隣同士で座らずに「あっちに座って」って言われるんです。

兄と弟がいるんですけど、お兄ちゃんとは年齢がちょっと離れてるから遊んだりはしていなくて、子どもの頃は弟とよく遊んでましたね。弟を女装させたりとか、面白い体操を考えてやらせたりとか、見ていてすごく面白かったです。でも「それ嫌だな」みたいなことを言うと、すーっとその場からいなくなる。そういうところはすごくありました。空気を察するタイプなんだと思います。主人とも「いつのまにかいなくなるよね」って面白がって話してました。

あまのじゃくな要素は、ぜんぜん感じたことがなかったです。小さい頃から本当に手がかからないしかわいくていい子で、ほとんど叱ったことがない。性格も面白くて、育てていて楽しかったです。やることをちゃんとやってくれるし、「勉強しなさい」なんて言ったこともない。

小学2年生のときだと思うんですけど、クラスメートの女の子のお母さんから家に電話がかかってきて、「うちの子が◯◯ちゃんは体操服をきちんと畳んで凄《すご》いのよって言ってるんです。よければ一緒に遊んでもらえないでしょうか？」って。まあ、向こうのお母さんが少し変わってたのかもしれませんが、それくらい何事もきちんとやってる子という感じだったので、ずっと安心してました。

中学生のときも楽しそうに休むことなく、塾にきちんと通ってました。部活動は吹奏楽部でトロンボーンを担当していて、学校以外でも習いたい！ って言うから、いろいろ問い合わせてみたけど場所も遠かったので、そこまでする必要ないでしょと諦《あきら》めさせたり。あと関係ないですけど、勉強と部活動の合間にパソコンでよく『金八先生』を見てました。

でも、よく分かってるようで分かっていなかったというか、大人になってから「こんなことがあったんだよ」って聞いて驚くことも多いです。

うちは祖母も一緒に住んでるんですけど、おばあちゃんは常に「普通が一番幸せだよ」って口癖で言っていて。それに反発したんだろうかとか、何かすごく反抗的な態度をとられると「どうしてそんなことをするんだろう」って悩んだことはあります。特に思春期の頃は心が見えないときもあったので。

アイドルのオーディションに受かったと聞いたときは、「何がよくてこの子が合格になったんだろう」って不思議でしょうがなくて、その半面、私は渡辺さんに感謝の気持ちがすごくあるんです。よくこの子を見つけてくれた……というか、当時は漠然とした不安があって。中学、高校、大学と問題なく進学してくれて、それは良かったんですけど、いざ大学に入った後、どういう社会人になろうとしているのか、大学を卒業した後に何をやろうとしているのか、それを考えただけで暗くなるくらい不安だったんです。

私は事務の仕事をずっとやっているんですけど、この子はよく忘れ物をしたり落とし物をしたり、いろいろ間違えたりすることも多いので、社会人になって職場で「あの子は使えないよね」って言われたりするんじゃないかって、すごく心配でした。だから逆に、アイドルとかのお仕事が向いてるかもしれない、普通のＯＬになるより、この子の個性が活《い》かされるんじゃないかなと思ったんです。

『ミュージックステーション』に出演したときは、生放送ってだけでドキドキで放送前にいても立ってもいられなくて、誰にも言わずに近所の神社にお参りに行きました。主人は仕事だったので、帰宅してから興奮して見てました。主人は『タモリ論』って本を読むくらいタモリさんが大好きで、「自分の娘がタモリと話してる！」って言ってましたね。親戚《しんせき》もみんな本当に喜んでました。まさかこんな早く出られるとは。皆さんのおかげです。

今の活動はこの子が自分で考えてやっていることだから、私から言えることはそんなにないんですけど、いつも周りの人に感謝して、謙虚な姿勢で頑張ってほしいし、体調を崩さないように気をつけてほしいと思います。そのくらいですね。これから先、どうなっていくか分からないけど、ちゃんと自分の足で立ってやっていくんじゃないかなって思ってます。

（聞き手・上野拓朗）

おわりに

「目を合わせるということ」を手にとっていただきありがとうございます。

わたしの不器用な生き方にびっくりしたかもしれません。これがわたしとBiSHの3年間です。わたしはBiSHに入ることを選んでから、たくさん迷って、たくさん負けました。だけどそれ以上に得たものは大きいです。

BiSHはそれぞれ、何が自分にとって幸せなのか、何を大切にして生きてきたか、そんなことがまったく違う人間が集められて出来上がったグループです。だからいきなり一つにくくられて同じ方向を向け、と言われても当然難しく、今まで何度ももがいて、ぶつかりながら形をたくさん変えて成長してきました。そして、現在も成長途中です。BiSHに入ってから、わたしの〝常識〟は一つひとつ音を立てながら壊されていくようでした。不思議なことに、その一つひとつが壊される度に自由になっていくのも感じていました。小さく縮こまっていたわたしの世界は確実に広がっていきました。わたしのすべてだった世界はとてもちっぽけなものにすぎなかったのです。

今あなたがもし自分は一人きりだ、誰も分かってくれない、そんなふうに思っているとしたら少しだけ顔を上げて周りを見てください。あなたがただ目を合わせようとしないだけで、あなたと必死に目を合わせようとしている誰かはすぐ近くにいるかもしれません。わたし自身、一人きりだと孤独を感じるときはたくさんあります。だけどどんなときでも誰かは味方してくれていた、誰かは目を合わせようとしてくれていたのだと思います。

でも、自分から目を合わすことは簡単なことではありませんでした。それは自分の弱みをさらけだすことでもあって、人に弱みを見せることはわたしにとってすごく怖いことだったからです。だから長い間、目をそらしながら生きてきました。でも、B・i・S・Hに入って人前に立つようになってからは、自分の弱みをさらけだすことは同じ弱みをもつ誰かを救うことでもあると気づきました。それからは自分には実は目を合わせてくれるたくさんの人の存在があって一人じゃないのかもしれない、と思えるようになりました。

　だから、迷ったり、悩んだりしたときは一人の世界にこもらないでまず周りを見てほしいです。そして自分から、何に迷っているのか、何が苦しいのか、どんな方法でもいいので誰かに伝えてほしいです。きっと誰かはあなたと目を合わせてあなたの味方だと言ってくれるはずです。ステージに立つような人間と自分は違うと思うかもしれませんが、あなたもわたしも一人では生きていけない同じ人間で、きっとなんら変わりないと思います。どんなときでも目を合わせて味方をしてくれる人がいたからＢｉＳＨもわたしもここまで歩いてこれました。

　最後に、この本に関わっていただいたたくさんの方に感謝を伝えたいです。企画から編集、発行までお世話になった上野拓朗《たくろう》さん、デザイナーの渋井史生《しぶいふみお》さん、コメントを寄せてくださったWACKの渡辺淳之介《じゅんのすけ》社長、お母さん、イラストを描いてくださったすしおさん、扉の写真撮影や中面の写真提供をしてくださった外林健太《けんた》さん、一緒に写っている写真を提供してくれたBiSHメンバーのみんな、本当にありがとうございました。

モモコグミカンパニー

BONUS TRACK 2

Twitter名言集

単行本を刊行した2018年前後のツイートから、
「名言ツイート」をピックアップ。
今、当時を振り返って思うことも綴ってもらいました。

つよくなりたい

モモコグミカンパニー
@GUMi_BiSH・Jan 11, 2018

つよくなるってなんだろうって。最近は、自分の傷には鈍感で他人の傷に敏感なことかもしれないと思った。人の傷に気づける心と、自分についた傷をいつまでも引きずらない心かもなあと。

この時期、よく強くなりたいと考えていました。
2018年はオーディション合宿に参加したり、本を出したり
色々と殻を破らないといけない時期だったかもしれません。

BiSHとわたし

モモコグミカンパニー
@GUMi_BiSH・Aug 8, 2018

BiSHはかっこいいね。わたしもBiSHに負けないくらいかっこよく生きたいよ

BiSHが褒められても自分のことを
言われているとは思わないし、この頃はずっとBiSHに
追いつきたい、追いつかなきゃと考えていました。

BiSHに入って色んな人と関わるようになってから、
その分孤独の重要性についても考えるようになりました。
どうしてファンの人は自分に会いに来てくれるのか、
何を求められているのかそんなこともよく思ってました。

寂しさの意味

モモコグミカンパニー
@GUMi_BiSH・Sep 28, 2018

世界はきっと寂しさでつながってる 人間はさみしいから出会ってさみしいから笑い合ってさみしいから手を繋ぐ 世界はさみしさでつながってるから

プラネタリウム

モモコグミカンパニー
@GUMi_BiSH・Feb 3, 2017

動くプラネタリウム見てたら、中心の方は星が隙間なく集まってせかせかしてて 外側の星ほどスキマもあってゆっくりゆっくり動いてるみたい 人間界と一緒だ

部屋で寝そべりながらプラネタリウムを眺めて考えたことです。
中心の星が頑張ってるように見えるけど、
それだけでは銀河は成り立たないんだなと。

まっすぐ終わる

モモコグミカンパニー
@GUMi_BiSH・Mar 3, 2017

まっすぐなにかを終われることはかっこいい。卒業した人はおめでとう🌸私なんて人生迷うことばっかでコンビニでおにぎりもスパッと決められないんだけど、おめでとうまで迷いながらまっすぐにゆきたい所存です

この時は解散なんて頭の片隅にもなかったけど、
"まっすぐになにかを終える"ってかっこいいのか、
と昔の自分に勇気づけられた気がしました。
始めるのと同じくらい、
それ以上に終わることって難しいんだろうな。

「君」と書いてますが私自身
消えたいと思うことがあり、そのとき真剣に
自分が世界から消えたらどうなるか考えて書いたもの。
世界の視点に立つと自分が消えることって
すこし損害かもな、なんて思いました。

君が消えたらダメな理由

モモコグミカンパニー
@GUMi_BiSH・Dec 11, 2018

君が消えたら、単純に君だけがすっぽり消えるわけじゃない。君の見ていた景色、関わっていた人も辛かった記憶も楽しかった記憶も優しかったあの人も君の好きだった食べ物、人、もの、色、音、全部が世界から消えてしまう、それは世界にとって大きな損害なんだよ

未来のことも過去のことも沢山考えてしまうけど、とにかく今、
目の前のもの、今生きている自分が、かけがえのないものなんだと
自覚して歩いていきたいなと思いました。

かけがえないもの

モモコグミカンパニー
@GUMi_BiSH・Jun 6, 2018

過去の死ぬほど辛かったこととか人に話したとき、つらかったね、じゃなくて今生きてて嬉しいって言ってほしいね

辛い夜を越えるには？

モモコグミカンパニー
@GUMi_BiSH・Apr 18, 2018

がんばれとか大丈夫だよとか無責任なことは言えない。けど、明日も同じだって決めつけないようにしよう

事務所の後輩の子が
急に辞めてしまったときに考えたことです。
辛い夜を乗り越えるためにはどうしたらいいんだろうと。
もし今日が辛くても同じ日が繰り返されるわけじゃない、
そう思えたら気持ちが楽になるかなと。

アイドルってどんな生き物？

モモコグミカンパニー
@GUMi_BiSH • Jan 19, 2017

自分のことは置いといてアイドルはいつだって自由な生き物でいてほしい好きなことばっかりやってほしい

元々、アイドルは
"管理されるもの"ではなく、
"なんでもできる、なんでもありの職業"
と思って魅力を感じていました。

宝物のことば

モモコグミカンパニー
@GUMi_BiSH • Aug 12, 2018

昔からよく、優しいね、って言われることが多かったけど、その度になぜか少し哀しくなっていた。けど、中学のとき「ももこはやさしいけど、優しすぎるのがよくない、直した方がいい」って言われたことがあって、私はその子のことが凄く優しいと思ったし、すきだなと思ってよく覚えてる

「優しいね」は「優しいままでいてね」と
私には聞こえていました。だとしたら、優しくなかったら
私は受け入れられないのか、そんな不安を拭ってくれた
友人の言葉は今でも宝物です。

文庫版あとがき　生きていた。頑張って、生きていた。

　BiSH加入前、私は映画館でバイトをして、深夜まで働いたときは次の日の授業には遅刻したり、と普通のだらけた学生生活を送っていた。日々、過ぎていく時間の中で小さな社会からあぶれないように、誰かに決められた色を仕方なくなぞっていっているような感じだった。

　周りの学生たちが就活や留学についてどうしてそんなに熱心になれるのか、彼らの目が輝いているのか、私には分からなかった。私はこのまま自分がどこに行くのか、どこに行けるのか、見当もつかないままふわふわと明後日《あさって》の方向を一人で眺めていた。そんな張り合いもない私の毎日は、ある日途端に終わってしまってもなんの問題もないように思えた。

　――今思えば、あの頃の自分は明後日の方向を向きながら、いつもなにかを探していたように思う。

私を大勢の中の一人から、たった一人の何者かにしてくれる何かを。


興味本位で受けたBiSHのオーディションに合格し、調べていくうちに何か運命的なものを感じ、親を説得した。BiSHのある自分の未来には希望があるように思えたし、この時の私の目は輝いていたはずだ。大学の他の熱心な学生の気持ちが初めて分かった気がした。大勢の中の誰かではなく、私が私として生きていける場所、私じゃないとダメな場所がやっと見つかった。そんな風に思って胸を高鳴らせていた。

しかし、そんなキラキラとした希望はすぐに形を変えて私に襲い掛かってきた。

スキルもない、マイナスからのスタート。

ステージ上で何もない私が、自分でなきゃいけない理由なんてどこにも見つからなかった。

私がステージに立ち誰かの目に自分の姿が映る。それだけのことがこんなにも大変だなんて、その場所に立つまで知る由もなかった。根拠のない自信はすぐに打ち砕かれた。それは、裏返せば自分が傷つかないためのただの虚栄心だったのかもしれない。何もできない自分を言い当てられたくなんかなかった。希望を持っていた分、目の当たりにした現実はしんどく、涙が溢《あふ》れた。

辞めて楽になってしまいたい、また元の生活に戻って普通の人生を歩んでみてもいいんじゃないか、そんな考えが数えきれないほど頭の中を過《よぎ》った。

けれど、顔を上げると、不思議と自分の歩む景色は前よりもずっと鮮明になっていることに気づいた。

環境のせいにして、周りの人間に冷ややかな目を向けていた自分。味気ない日々は、自分が本気で目の前の景色に向き合っていなかったからだったのだと悟った。

なんだ、自分はまだ泣くことができたんだ。もっともっと生きることができたんだ。ボロボロになりながらも、自分の中で何かが吹っ切れていく実感があった。

迷い、踏みとどまりそうになったとき、BiSHの音楽はいつも背中を押してくれた。泣きながら、中指立てながら、それでも前を見て進んでいけ、生きていけと言われているような気がした。

いつからか、全力で動いて汗を流したり、大声を出したり、思い切り悔しがったり、痛みや疲れを忘れるほど熱中したり、そんなことから目を背け、そんな自分がいたことすらも忘れてしまっていた。BiSHはそんな泥臭い生き方を突き付けてくれた。

味方がいなくたって、思うようにできなくったって、蹴散《けち》らして進んでいかないといけない。BiSHは止まらなかったし、そうしていくしかなかった。

私は、それまでの悶々《もんもん》とした日々の中で見失っていた数々の感情、景色、表情、言葉、そんなものを取り戻すように、そして自分自身に当時の自分の生き様を見せつけるようにして這《は》いつくばっていた。

気が付くと、いつ終わってしまってもいいと思っていた毎日の先には、未来があり、今日この瞬間を一生懸命ただ生きる理由を考える隙もないくらいだった。

ずっと探していた、自分でなくちゃいけない理由、必要としてもらえる場所、そんなものは、遠い場所に逃げることではなく、今、この場所でもっともっと、目いっぱいに生きることで根付いていくものだと知った。そして、そんな姿がきっと誰かの目に留まり、自分を形作っていくのだろう。

この本で書かれているころのステージに立つ自分は、カッコ悪くて、最低で、だから最高だった。今なら、胸を張ってそう言える。

最後に、醜い感情でさえ掻《か》き出して、優しく包みこんでくれるBiSHの音楽が大好きだ。今も、あの頃と変わらずに。

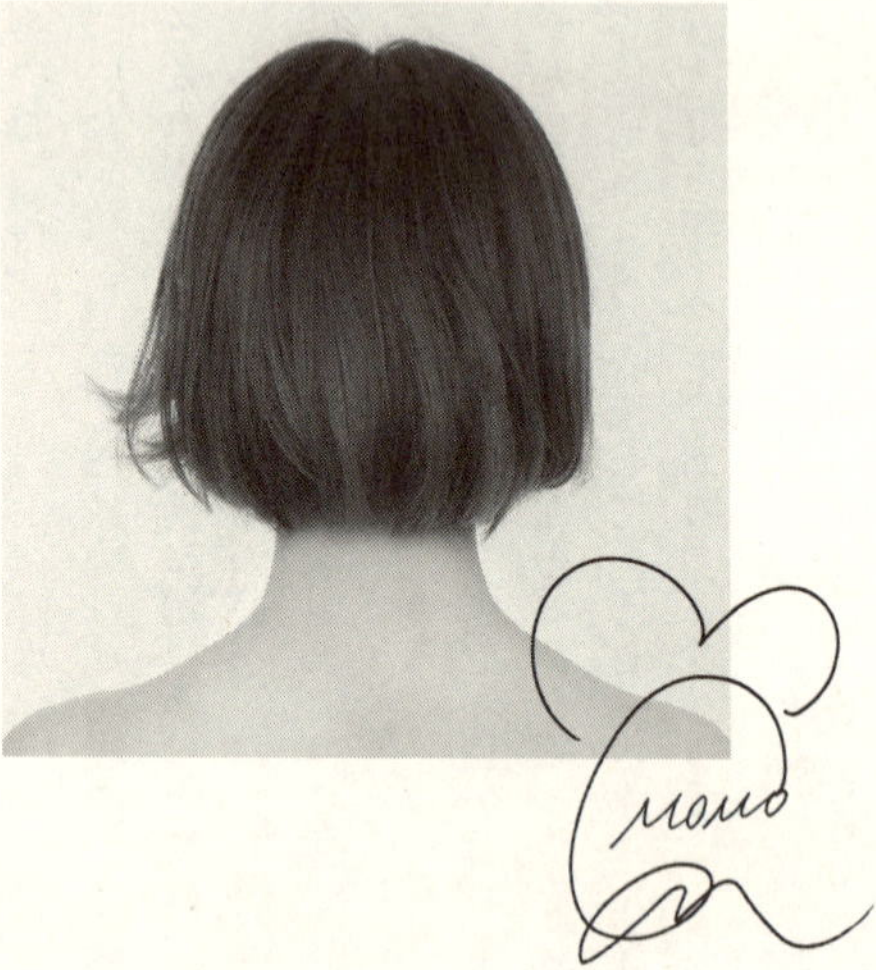
momo

本書は、2018年3月に
株式会社シンコーミュージック・エンタテイメントより
刊行された単行本を
加筆修正の上、文庫化したものです。

インタビュー
上野拓朗（Rolling Stone Japan チーフディレクター）
協力
渡辺淳之介（WACK）、BiSH、小島沙耶、ホンシェルジュ
写真
外林健太

目《め》を合《あ》わせるということ

モモコグミカンパニー

令和4年 8月25日 初版発行

発行者●堀内大示

発行●株式会社KADOKAWA
〒102-8177 東京都千代田区富士見2-13-3
電話 0570-002-301(ナビダイヤル)

角川文庫 23288

印刷所●株式会社暁印刷
製本所●本間製本株式会社

表紙画●和田三造

●お問い合わせ
https://www.kadokawa.co.jp/ (「お問い合わせ」へお進みください)
※内容によっては、お答えできない場合があります。
※サポートは日本国内のみとさせていただきます。
※Japanese text only

ISBN 978-4-04-112831-2 C0195

JASRAC 出 2205686-201

◇◇◇

角川文庫発刊に際して

角川源義

第二次世界大戦の敗北は、軍事力の敗北であった以上に、私たちの若い文化力の敗退であった。私たちの文化が戦争に対して如何に無力であり、単なるあだ花に過ぎなかったかを、私たちは身を以て体験し痛感した。西洋近代文化の摂取にとって、明治以後八十年の歳月は決して短かすぎたとは言えない。にもかかわらず、近代文化の伝統を確立し、自由な批判と柔軟な良識に富む文化層として自らを形成することに私たちは失敗して来た。そしてこれは、各層への文化の普及滲透を任務とする出版人の責任でもあった。

一九四五年以来、私たちは再び振出しに戻り、第一歩から踏み出すことを余儀なくされた。これは大きな不幸ではあるが、反面、これまでの混沌・未熟・歪曲の中にあった我が国の文化に秩序と確たる基礎を齎らすためには絶好の機会でもある。角川書店は、このような祖国の文化的危機にあたり、微力をも顧みず再建の礎石たるべき抱負と決意とをもって出発したが、ここに創立以来の念願を果すべく角川文庫を発刊する。これまで刊行されたあらゆる全集叢書文庫類の長所と短所とを検討し、古今東西の不朽の典籍を、良心的編集のもとに、廉価に、そして書架にふさわしい美本として、多くのひとびとに提供しようとする。しかし私たちは徒らに百科全書的な知識のジレッタントを作ることを目的とせず、あくまで祖国の文化に秩序と再建への道を示し、この文庫を角川書店の栄ある事業として、今後永久に継続発展せしめ、学芸と教養との殿堂として大成せんことを期したい。多くの読書子の愛情ある忠言と支持とによって、この希望と抱負とを完遂せしめられんことを願う。

一九四九年五月三日

角川文庫ベストセラー

小説 言の葉の庭　新海誠

小説 君の名は。　新海誠

小説 天気の子　新海誠

ふちなしのかがみ　辻村深月

本日は大安なり　辻村深月

雨の朝、高校生の孝雄と、謎めいた年上の女性・雪野は出会った。雨と緑に彩られた一夏を描く青春小説。劇場アニメーション『言の葉の庭』を、監督自ら小説化。アニメにはなかった人物やエピソードも多数。

山深い町の女子高校生・三葉が夢で見た、東京の男子高校生・瀧。2人の隔たりとつながりから生まれる「距離」のドラマを描く新海誠的ボーイミーツガール。新海監督みずから執筆した、映画原作小説。

新海誠監督のアニメーション映画『天気の子』は、天候の調和が狂っていく時代に、運命に翻弄される少年と少女がみずからの生き方を「選択」する物語。監督みずから執筆した原作小説。

冬也に一目惚れした加奈子は、恋の行方を知りたくて禁断の占いに手を出してしまう。鏡の前に蠟燭を並べ、向こうを見ると――子どもの頃、誰もが覗き込んだ異界への扉を、青春ミステリの旗手が鮮やかに描く。

企みを胸に秘めた美人双子姉妹、プランナーを困らせるクレーマー新婦、新婦に重大な事実を告げられないまま、結婚式当日を迎えた新郎……。人気結婚式場の一日を舞台に人生の悲喜こもごもをすくい取る。

角川文庫ベストセラー

角川文庫ベストセラー

クドリャフカの順番

米澤穂信

文化祭で奇妙な連続盗難事件が発生。盗まれたものは碁石、タロットカード、水鉄砲。古典部の知名度を上げようと盛り上がる仲間達に後押しされて、奉太郎はこの謎に挑むはめに。〈古典部〉シリーズ第3弾！

遠まわりする雛

米澤穂信

奉太郎は千反田えるの頼みで、祭事「生き雛」へ参加するが、連絡の手違いで祭りの開催が危ぶまれる事態に。その「手違い」が気になる千反田は奉太郎とともに真相を推理する。〈古典部〉シリーズ第4弾！

ふたりの距離の概算

米澤穂信

奉太郎たちの古典部に新入生・大日向が仮入部する。だが彼女は本入部直前、辞めると告げる。入部締切日のマラソン大会で、奉太郎は走りながら心変わりの真相を推理する！〈古典部〉シリーズ第5弾。

いまさら翼といわれても

米澤穂信

奉太郎が省エネ主義になったきっかけ、摩耶花が漫画研究会を辞める決心をした事件、えるが合唱祭前に行方不明になったわけ……〈古典部〉メンバーの過去と未来が垣間見える、瑞々しくもビターな全6編！

ショートショートドロップス

新井素子・上田早夕里・恩田陸・図子慧・高野史緒・辻村深月・新津きよみ・萩尾望都・堀真潮・松崎有理・三浦しをん・皆川博子・宮部みゆき・村田沙耶香・矢崎存美　編／新井素子

いろんなお話が詰まった、色とりどりの、ドロップの缶詰。可愛い話、こわい話に美味しい話。女性作家によるショートショート15編を収録。